I0139436

LA FONTAINE

DES

AMOVREVX DE SCIENCE

COMPOSÉE PAR

IEHAN DE LA FONTAINE

De Valenciennes, en la Comté de Hennault

POÈME HERMÉTIQVE DV XV SIÈCLE

PUBLIÉ PAR

ACH. GENTY

PARIS
POULET-MALASSIS ET DE BROISE
LIBRAIRES-ÉDITEURS
97, rue Richelieu et passage Mirès, 36

—

1861

Tous droits réservés.

1859

Y 4605
+ A a.

LA FONTAINE

DES

AMOVREVX DE SCIENCE

Alençon. — Typ. de Poulet-Malassis et De Broise

LA FONTAINE

DES

AMOVREVX DE SCIENCE

COMPOSÉE PAR

IEHAN DE LA FONTAINE

De Valenciennes, en la Comté de Henault

POEME HERMÉTIQVE DV XVᵉ SIECLE

PUBLIÉ PAR

ACH. GENTY

PARIS

POULET-MALASSIS ET DE BROISE

LIBRAIRES-ÉDITEURS

97, rue Richelieu et passage Mirès, 36

—

1861

Tous droits réservés.

TIRÉ A 355 EXEMPLAIRES :

150 sur raisin.
145 sur vergé.
50 sur vélin.
10 sur chine.

INTRODUCTION

—

I

En l'année 1334, un pape mourut à Avignon. C'était le pape Jean XXII. Malgré l'exiguité de ses revenus, il laissait dans son trésor une somme de vingt-cinq millions de florins. D'où provenait cette somme?

C'était ce même pape qui, seize ans auparavant, en 1317, avait lancé contre les alchimistes la bulle dont suit la traduction :

« Les alchimistes promettent ce qu'ils ne peuvent tenir. Ils se croient sages, et tombent eux-mêmes dans l'abîme qu'ils creusent pour les autres. Ils se procla-

ment ridiculement maîtres, et montrent leur igno-
rance, puisqu'ils s'en réfèrent toujours aux écrivains
plus anciens. Ils ne peuvent découvrir ce que ceux-ci
n'ont pas trouvé plus qu'eux, et néanmoins ils consi-
dèrent comme possible de le trouver à l'avenir. Le
métal qu'ils présentent sous les noms pompeux d'or
et d'argent ne peut rivaliser avec ces métaux pré-
cieux, et les procédés qu'ils indiquent ne sont que
mots obscurs et vides de sens. Leur audace n'a pas
connu de bornes. Ils frappent de la fausse monnaie
et trompent ainsi les peuples.

» Nous ordonnons que ces hommes soient à toujours bannis du pays, ainsi que ceux qui se font faire
par eux de l'or et de l'argent, ou qui sont convenus
avec eux de leur payer cet or. Nous voulons que leur
or véritable soit donné aux pauvres, et, s'il n'y a lieu,
qu'un autre châtiment les atteigne. Ceux qui fabri-
quent ainsi de faux or sont sans honneur. Les per-
sonnes du clergé qui se livreraient à la fabrication de
l'or, ne trouveront point grâce et seront privées de la
dignité ecclésiastique. »

Il est peu vraisemblable qu'un pape, si sévère aux
alchimistes, ait lui-même pratiqué l'alchimie, et que
l'origine des vingt-cinq millions de florins trouvés
dans son trésor, fût dans cette pratique qu'il avait

lui-même hautement condamnée. — Cependant on lit dans la préface d'un livre alchimique du xvᵉ ou du xviᵉ siècle, l'*Ars transmutatoria*, que Jean XXII fit travailler à la pierre philosophale et fabriquer deux cents lingots d'or pesant chacun un quintal. On va même jusqu'à considérer Jean XXII comme l'auteur de ce livre. — Ainsi le pape Jean XXII se serait condamné lui-même!... C'eût été montrer ou beaucoup de haine contre l'alchimie ou beaucoup d'humilité chrétienne. On en croira ce qu'on voudra.

Ce fait, toutefois, prouve une chose importante : c'est que l'alchimie a été fort en faveur chez nos pères. Pour qu'on ait pu, sans trop choquer la vraisemblance, attribuer un livre tel que l'*Ars transmutatoria* à un Souverain Pontife, il faut que l'art hermétique ait eu jadis autant de vogue qu'il en a peu de notre temps.

En effet, ce ne sont pas seulement les hommes de peu qui, aux xiiiᵉ, xivᵉ, xvᵉ, xviᵉ et xviiᵉ siècles, s'adonnent aux travaux alchimiques. Parmi les alchimistes, on compte jusqu'à des princes et des souverains. Un de nos éminents écrivains a pu dire sans exagération qu'au xviᵉ siècle, il n'existait pas de couvent dans lequel on ne trouvât quelque fourneau consacré à l'élaboration de l'or. Rodolphe II, empereur d'Allemagne, l'électeur Auguste de Saxe, les empereurs Ferdinand III et Léopold Ier, le roi de Castille Alphonse X, la reine d'Angleterre Elisabeth, et maints autres, furent ou alchimistes ou protecteurs d'alchimistes.

II

L'alchimie n'est donc pas une page dépourvue d'intérêt, dans l'histoire des sciences. C'en est, au contraire, une des plus curieuses.

Elle a, comme la Grèce, ses temps *héroïques*, ou fabuleux. C'est dire que son origine se perd dans un nuage. Ses principaux héros et héroïnes, sont : Mezaraïm, fils de Cham et premier roi d'Egypte, Taut Hermès Trismégiste, le philosophe Démocrite, le mage Ostanes, Marie la Juive, sœur de Moïse, Aristote, Salomon, la reine Cléopâtre. Voilà de bien grands noms! — Les temps *historiques* de l'alchimie commençent avec l'ère chrétienne. On lit dans Pline l'Ancien que Caligula put tirer « *un peu* d'or d'une *grande quantité* d'orpiment. » Ce résultat dut, on le conçoit, médiocrement satisfaire l'empereur romain. D'un cheval on peut aisément faire un consul; mais il n'est pas aussi facile de faire de l'or avec une substance qui n'est pas or.

Le vrai berçeau de l'alchimie paraît être l'Egypte. « Elle y a pris naissance sous l'influence de ce panthéisme, moitié métaphysique, moitié religieux, qui s'est formé à Alexandrie durant les premiers siècles de l'ère chrétienne, par la rencontre de la philosophie grecque avec les croyances exaltées et les rêves ambitieux de l'Orient. On remarque, en effet, qu'après les personnages fabuleux ou manifestement antérieurs à cet ordre d'idées, les premiers noms invoqués par la philosophie hermétique sont des noms alexandrins : Synésius, Héliodore, Olympiodore, Zosime. Ajoutez cette tradition rapportée par Orose au commencement du ve siècle, et recueillie par Suidas, que Dioclétien ne pouvant venir à bout des insurrections multipliées des Egyptiens, ordonna la destruction de tous leurs livres de chimie, parce que là était, selon lui, le secret de leurs richesses et de leur opiniâtre résistance. Enfin, c'est à un philosophe d'Alexandrie, à un philosophe chrétien, probablement à la manière de l'évêque de Ptolémaïde, le disciple d'Hypathie, que les Arabes se disent redevables de toutes leurs connaissances alchimiques. Ce personnage, appelé Adfar, florissait pendant la première

moitié du VIIe siècle, dans l'ancienne capitale des Pto-
lémées, avec la réputation de posséder tous les secrets de la nature, et d'avoir retrouvé les écrits d'Hermès sur le grand art. C'est lui vraisemblablement qui
en est l'auteur. » (Franck, *Paracelse et l'Alchimie au
XVIe siècle.)*

Malgré tant d'excellentes raisons, M. Louis Figuier
(*L'Alchimie et les Alchimistes*, p 5), croit « que l'alchimie prit naissance chez les savants du Bas-Empire,
dans cette heureuse Byzance où les lettres et les arts
trouvèrent un refuge au quatrième siècle contre les
agitations qui bouleversaient alors tous les grands
Etats de l'Europe. » Comme les savants de Constantinople entretenaient des relations suivies avec ceux
d'Alexandrie, il est probable que « l'alchimie fut cul-
tivée presque simultanément en Grèce et dans l'E-
gypte. »

Un disciple d'Adfar, Moriénus, communiqua, suivant M. Franck, la science alchimique au prince
Ommiade Khaled, fils du calife Yezid, devenu le souverain de l'Egypte après la conquête de ce pays sur
les empereurs de Constantinople. Dès lors l'alchimie
devint musulmane (VIIe siècle).

Les Arabes se livrèrent avec ardeur à l'étude de
l'art hermétique. Ils firent en sa faveur une propa-

gande active. Ils portèrent l'alchimie partout où ils portèrent leurs armes. — Elle pénètre avec eux en Espagne au VIIIe siècle, et s'y implante. Dans les écoles de Cordoue, de Murcie, de Tolède, de Séville et de Grenade, on l'enseigne, on la pratique. Au VIIIe siècle paraît le fameux Geber.

Lorsque l'Espagne mit fin à la domination arabe, l'alchimie avait conquis tout l'Occident. Arnauld de Villeneuve, Raymond Lulle, Roger Bacon, saint Thomas, la propagèrent à l'envi. Du XVe au XVIIe siècle, elle fut en pleine prospérité.

III

Comment tomba-t-elle à ce degré d'abjection où elle se trouve au XIXe siècle ? — Exposer le but, résumer les travaux des alchimistes, examiner leurs faits et gestes, c'est répondre à cette question.

Le but des alchimistes en général était : 1o de convertir en or, ou au moins en argent, tous les autres métaux, cuivre, plomb, etc.; 2o de garantir l'homme, ou de le guérir des maladies qui viennent l'assaillir, et de prolonger même indéfiniment son existence; 3o de conquérir tous les pouvoirs, naturels et surna-

turels ; de commercer avec les êtres du monde ou des
mondes supérieurs, etc.

IV

Une substance procurait le moyen d'arriver à ce
but : c'était la *pierre* ou *poudre philosophale*, nommée
aussi *grand magistère*, *grand élixir*, *quintessence*,
teinture, *semence des métaux*, *spiritus mundi*, selon
qu'elle était plus ou moins parfaite, et s'appliquait à
tel ou tel objet. — Imparfaite, la pierre philosophale
n'était pas pourtant sans vertu ; elle convertissait
aussi les métaux, mais en argent seulement. On lui
donnait alors les noms de *petite pierre philosophale*,
de *petit magistère*, de *petit élixir*.

Il n'est pas facile de donner une idée exacte de la
grande pierre philosophale. Ceux-là même d'entre
les alchimistes qui l'ont vue et possédée, en parlent
comme s'il ne l'avaient jamais eue ni vue. Van Helmont,
qui l'a vue et maniée, dit-il, prétend qu'elle a la couleur du safran en poudre, qu'elle est lourde et brillante comme le verre en morceaux. Berigard de Pise,
qui ne l'a ni moins vue ni moins maniée que Van Helmont, lui donne la couleur du pavot sauvage et l'o-

deur du sel marin calciné. Kalid lui décerne *toutes les couleurs* : elle est, suivant lui, blanche, rouge, jaune, bleu-de-ciel, verte. « Voilà tous nos philosophes mis d'accord ! » dit judicieusement M. Louis Figuier.

Il n'est pas moins difficile de dire comment se préparait la pierre philosophale. Cette obscurité, qui plane à peu près sur chaque phrase des livres alchimiques et que signale la bulle du pape Jean XXII, ne permet pas d'en saisir nettement le mode de préparation. C'était, du reste, par système que les alchimistes s'environnaient de ténèbres. « Pauvre idiot, dit un peu crument le philosophe Artéphius à son lecteur, serais-tu assez simple pour croire que nous allons t'enseigner ouvertement et clairement le plus grand et le plus important des secrets, et prendre nos paroles à la lettre ? » Heureux Artéphius ! il écrivait au XIᵉ siècle ! — Basile Valentin, Arnauld de Villeneuve, Raymond Lulle menacent des plus terribles châtiments l'alchimiste assez osé pour parler intelligiblement. La malédiction du Très-Haut, l'apoplexie, la damnation éternelle, telles sont les peines qui attendent l'indiscret. « Il est défendu par l'ordonnance diuine, dit Denis Zacaire, de publier nostre science en termes telz qu'ilz soyent entenduz du commun. » (*Opuscule très-excellent de la vraye philosophie natu-*

relle des metaulx, Lyon, B. Rigaud, 1574, p. 12 de l'avis *Au Lecteur debonnaire).* Aussi ne doit-on pas s'étonner que Jean d'Espagnet s'exprime en ces termes quelque peu énigmatiques : « Prends une vierge ailée qui soit bien lavée et purifiée, et qui soit enceinte par la vertu de la semence spirituelle de son premier mari, sans que pourtant sa virginité soit lésée : marie-la sans soupçon d'adultère avec l'autre homme ; elle concevra de nouveau avec la semence corporelle du mari, et elle mettra au monde un enfant honorable des deux sexes : la pierre philosophale. »

Au seizième siècle, toutefois, le langage énigmatique des alchimistes tend à se clarifier. La pierre philosophale (ou semence des métaux) s'obtient à cette époque avec deux substances : *l'or ordinaire* (semence mâle), et le *mercure des philosophes,* ou *premier agent,* (semence femelle). On peut se procurer aisément la première de ces deux substances ; mais où trouver la seconde ? C'est là que gît la difficulté. Suivant les uns, le mercure des philosophes se trouve dans le mercure ordinaire ; suivant les autres, dans l'arsenic. Ceux-ci prétendent qu'il réside dans l'antimoine ; ceux-là, dans l'étain. Le sel marin, le salpêtre, le vitriol, le suc de la chélidoine, la primevère, la rhubarbe du Pont, les os, la chair, le sang, la salive, les poils, l'urine, jusqu'au lait des vierges, jusqu'au sang des menstrues, tout est recommandé, tout est examiné, tout est scruté. Le mercure des philosophes n'est nulle part. — Pardon! le voici : « Pour obtenir le premier agent, dit Haïmon, il faut se rendre à la *partie postérieure* du *monde*, là où l'on entend gronder *le tonnerre*, souffler *le vent*, tomber la grêle et la pluie, c'est là qu'on trouvera la chose, *si on la cherche*. » Cela est clair, mais odieusement malpropre. — Quelle aberration!

Il suffisait, pour transmuer en or le plus infime des métaux, de le mettre en contact avec la pierre philosophale dans l'*ovum philosophicum*. C'était un vase où se plaçaient les matières propres à la confection du grand œuvre. On l'appelait aussi *athanor*, et *maison du poulet des sages*. La puissance de la pierre philosophale, comme agent transmutateur, ne connaissait vraiment pas de bornes. « Si l'Océan, disait Raymond Lulle, était du mercure, j'en ferais de l'or; *mare tingerem, si mercurius esset*. » On voit par là qu'il fallait peu de pierre philosophale pour opérer. Le tout était d'obtenir ce peu. Salmon prétend qu'il convertirait en or toutes les quantités de métal qu'on voudrait bien lui fournir, *jusqu'à l'infini*. Quand on se mêle de faire de l'or, on n'en saurait trop faire.

Pour guérir ou préserver des maladies, pour donner à la vie humaine une durée illimitée, on faisait usage de pierre philosophale comme on fait usage de grains de santé; dans ce cas, elle portait le nom de *panacée.* — La pierre philosophale se prêtait complaisamment à tout, sinon à tous.

V

Si les alchimistes se fussent contentés d'écrire des livres inintelligibles, on ne serait pas absolument en droit de leur infliger un blâme. Mais ils ne s'arrêtèrent pas en si beau chemin. Ils voulurent prouver que, si leur style était obscur, leur science était réelle. Malheureusement, qui veut trop prouver, ne prouve rien.

Les alchimistes eurent la malencontreuse idée d'opérer effectivement des transmutations. En Angleterre, Raymond Lulle fabrique, pour le compte du roi Edouard III, les *nobles à la rose;* en Suède, Payküll fabrique des ducats pour Charles XII. Orthulain, Rupescissa, Odomar jouissaient d'une haute renommée sous les rois de France Philippe de Valois, Jean et Philippe le Bel, que l'histoire regarde comme de faux monnayeurs. On a vu précédemment que des souverains ne dédaignèrent pas de *labourer* de leur propres mains.

L'alchimie et les alchimistes se seraient, néanmoins, tirés d'affaire, s'ils s'étaient bornés à travailler pour le compte des souverains ou à collaborer avec eux. Ce qui causa leur perte, c'est qu'ils eurent la prétention de travailler aussi pour eux-mêmes. Le grec Bragadino, le suisse Léonard Thurneysser, l'italien Borri, et beaucoup d'autres, amassèrent de grandes richesses.

Le seul exposé des fraudes, auxquelles eurent recours les alchimistes, nécessiterait plusieurs volumes. En 1722, Geoffroy l'aîné en fit une sorte d'abrégé historique, dont on ne saurait trop, aujourd'hui encore, recommander la lecture. C'est significatif et édifiant.

VI

On conçoit que , pour des hommes qui savaient si cavalièrement prouver que la pierre philosophale valait de l'or en barre, prouver qu'elle guérissait de tous maux et prolongeait indéfiniment la vie, ce n'était que jeu. Le philosophe Artéphius prétendait avoir

999 ans passés. L'ermite Trautmansdorf avait 140 ans et le frère de la Rose-Croix, Gualdo, en avait quatre cents. Il fut démontré que si Noé eut des enfants à l'âge de cinq cents ans, c'est qu'il possédait la pierre philosophale.

Nicolas Flamel offre un des cas les plus curieux de longévité alchimique. Mort en 1418, au su de tout Paris, il vivait encore, ce nonobstant, au commencement du 17e siècle. Le voyageur Paul Lucas dit avoir rencontré dans l'Inde l'un des plus intimes amis de l'adepte. Pernelle, femme de Flamel, morte quelques années avant lui, vivait aussi. — Ce n'est rien. En 1818, Flamel, alors âgé de quatre cents ans, occupait à Paris une maison sise rue de Cléry, no 22. Il faisait annoncer, par les journaux, l'ouverture d'un cours de philosophie hermétique, moyennant 300,000 fr. par élève. Personne ne s'étant présenté, on présume que de dépit il sera retourné dans l'Orient... ou ailleurs. Oncques depuis il ne fut revu. Faut-il désespérer de le revoir?... On ne fait pas toujours bonne garde à Charenton.

VII

Toutes ces manœuvres , à défaut des progrès de la science , ne pouvaient avoir qu'un résultat : celui de déconsidérer les alchimistes et même l'alchimie. — En 1317, le pape Jean XXII les condamne ; en 1380, le roi de France , Charles V , les persécute. Henri IV, roi d'Angleterre , imita le roi de France en 1404. — Mais ce ne sont pas les souverains qui portèrent aux alchimistes les plus rudes coups. Ce furent les écrivains. Et encore ceux-ci ne commencèrent-ils d'être écoutés qu'au seizième siècle. Thomas Eraste, Conringius , Verner Rolfink , Kircher , Jérome Cardan , H. Corneille Agrippa , furent les premiers qui réussirent à faire soupçonner le néant de la philosophie hermétique.

« Les alchimistes, dit Cardan, peuvent muer la couleur et le poids : mais ils ne peuvent muer la subtilité, et fermeté. » (*De la subtilité* , trad. franç. de R. le Blanc ; Paris, 1584, p. 157). — « L'art chrymistique, dit-il ailleurs (p. 395), vulgairement dict alcmie, contient plusieurs choses admirables, plusieurs inutiles, plusieurs douteuses, plusieurs belles , aucunes salutaires, aucunes d'efficacè, aucunes presque diuines, plusieurs de nulle conséquence, aucunes de grande espérance, aucunes de grande iacture et peril, *qui surmontent les autres en nombre.* ».

Agrippa l'alchimiste, le nécromancien, revenu des erreurs de sa jeunesse s'écrie :

« *Des bons esprits suspecte est l'alchemie,*
Et ses supposts plaire ne peuuent mie :
Par tant d'abbus les hommes entretient
Qu'elle et ses faicts en ruine deuient,

» En essayant de transmuer les formes et especes des choses, et forger vne certaine benoiste pierre philosophale qu'ils appellent, par l'attouchement de laquelle toutes choses soient soudainement conuerties en or ou argent, selon le souhait de Midas, et si s'efforce de tirer du ciel haut et inaccessible vne certaine quint'essence, par laquelle se font fort les alchimistes de donner, non pas seulement des richesses excedantes celles de Cresus, mais, qui plus est, de remettre l'homme en sa florissante ieunesse, et entiere santé, dechassant de luy la vieillesse, et presque le rendre immortel.

» *Mais de tous ceux qui font estat de la science,*
N'y a cil qui d'effet en donne experience.

» Seulement en monstrent quelques essais, *assem-blent quelque peu d'argent par ceruses, vermillons, antimoines, sauons, et autres drogues* servans à farder les femmes, peindre et emplastrer les vieilles, lesquelles l'escriture appelle onguens de paillardises, et par ce moien dressent la boutique de Geber : dont est venu le commun prouerbe : Que tout alchemiste est ou medecin ou sauonnier, et enrichit les oreilles des hommes par paroles : mais son intention est de vuider leurs bourses. Et pour claire coniecture de la vanité et nullité de leur art, *est à noter qu'ils demandent tousiours quelque escu à ceux à qui ils font promesse de grandes richesses*, par où l'on voit que ce ne sont que bourdes et resueries d'esprit mal composez. » (*Paradoxe sur l'incertitude, vanité et abus des sciences,* S. L. 1582, p. 397, et suiv.)

Plus loin, Agrippa fait preuve, envers ses anciens confrères, d'une animosité qui s'explique peu. Aurait-il lui-même été victime de leurs *manigances* philosophiques ? « C'est à bon droit, dit-il, que les loix romaines condamnent cest art, et la chassent de la République, et est prohibée en l'Eglise chrestienne par les decrets des sacrez canons. Et s'il estoit prattiqué ainsi auiourd'huy, que ceux qui sans bonne licence du Prince exercent l'alchemie fussent chassez des royau-

2

mes et prouinces, leurs biens confisquez, et eux punis au corps, *il est certain que l'on ne verrait point tant de fausses espèces de monnoye par lesquelles vn chacun est deceu au grand dommage et perte du public* (1). Ie croy que pour congnoistre ces trompeurs iadis fut faicte la loy d'Amasis roy d'Egypte, par laquelle il estoit enioinct à vn chacun de comparoistre deuant vn magistrat à ce ordonné, et là donner raison et déclaroit par quels moyens il s'entretenoit et viuoit, et à faute de ce faire *peine de mort* y estoit establie. »

La peine de mort! ô Agrippa! qu'avez-vous dit? Est-ce que, dans votre indignation, — semblable à l'un des meilleurs hommes de ce temps-ci, dit-on, lequel déclarait un jour que, si le bûcher de Jean Hus était jamais relevé, ce ne serait pas un seau d'eau qu'il y apporterait, — est-ce que, grand alchimiste, grand nécromancien, vous eussiez voulu voir, de vos deux yeux voir, ce qui s'appelle voir, vos ex-confrères et collaborateurs pendus la hart au col, étranglés court et net? Les alchimistes « *sont meschans sur tous les hommes,* » dites-vous. D'où savez-vous cela?....

(1) Ceci indique pourquoi la science alchimique « *estoit haye du commun populaire,* » suivant l'expression de D. Zachaire, Introd., p. 9. — Ce n'était pas tant la science que les « *tromperies et faulses sophistications,* » (Eod. loc.) qu'on haïssait.

Et, au fond, qu'est-ce que cela peut vous faire ? Dieu n'est-il pas là pour séparer les bons des méchants, le bon grain de l'ivraie ? Laissons-le faire. Quelque clairvoyant qu'on soit, ne voit-il pas mieux, plus avant et plus loin ?

Bernard Palissy ne professe pas pour les Alchimistes moins d'inflexibilité qu'Agrippa. « Et ie sçay bien, dit-il, que toutes les additions et sophistiqueries qu'ils sçauent faire, ont causé vn millier de faux monnoyeurs : par ce qu'ils ne se peuuent deffaire de leur marchandise sinon en monnoye, car s'ils la vendoyent en lingots la fausseté se trouueroit à la fonte. Mais ils se desfont aysément de monnoye à toutes gens... » (*Discours admirables*, etc., édit. Cap, p. 199.) Un peu plus bas, Palissy rapporte une histoire bizarre. Un prévôt de Saintes avait saisi un faux monnayeur. Celui-ci fit des révélations fort graves. Il signala comme « se meslant de son mestier » cent-soixante individus. « Et quant ie dis audit preuost, continue Palissy, pourquoy il ne faisoit prendre lesdits monnoyeurs nommez en son rolle, il me respondit qu'il n'oseroit l'entreprendre : parce qu'au nombre d'iceux il y auoit plusieurs iuges et magistrats, tant du Bordellois, Perigord que de Limosin (1). » — Si tous faisaient ainsi de

(1) Dans les *Discours admirables*, au *Traité des Métaux et Alchi-*

la fausse monnaie, dans ce bon seizième siècle, qui donc avait le droit de se plaindre? Lorsqu'on est tour à tour voleur et volé, on doit absoudre; on ne peut pas condamner.

VIII

Peut-être, cependant, l'alchimie eût-elle vécu, malgré les attaques dont elle était l'objet, malgré les impostures des adeptes, et même malgré les progrès de la science. Mais elle renfermait en elle un germe de mort qui, tôt ou tard, devait se développer et la tuer : le ridicule.

On a vu déjà quelques échantillons du style des alchimistes. Affectation, obscurité, lourdeur, hyperbolisme, il a toutes les conditions voulues pour faire rire ou fatiguer. Maintenant il convient de passer en revue certaines idées ou prétentions des philosophes

mie, on lit que « les métaux sont engendrez d'*vne eau*, à sçauoir d'eau salée, ou pour mieux dire d'*vn sel dissout.* » — M. Tiffereau, 5ᵉ *Mémoire*, p. 24, dit : « La fixation de l'oxygène, sa combinaison plus ou moins durable avec *l'hydrogène*, sous l'action d'un composé azoté; voilà pour moi la clef de la transformation des métaux. »

par le feu. Nous abordons ce qu'on a appelé l'alchimie mystique.

La *magie blanche* et même la *magie noire* étaient loin d'être dédaignées par tous les adeptes. Dans la fabrication du Grand OEuvre, quelques-uns s'aidaient de la première, c'est-à-dire faisaient intervenir Dieu ou ses anges ; quelques autres s'aidaient de la seconde, c'est-à-dire s'adressaient au diable. L'imposteur Braganino avait à ses ordres deux dogues noirs qui sentaient fort le fagot. Thurneysser disposait d'un scorpion qui, certainement, n'avait rien d'orthodoxe.

L'*homunculus* joue quelquefois un rôle assez important. On appelait ainsi un petit animal ou un homme en miniature fabriqué par les procédés spagyriques (voy. Figuier, p. 67). Paracelse en donne la recette en ces termes : « Hoc modo procedendum est : Sperma viri per se in cucurbitâ sigillatâ putrefiat summâ putrefactione ventris equini per quadraginta dies, aut *tandiù donec incipiat vivere et moveri et agitari, quod facilè videri potest.* Post hoc tempus aliquo modo homini simile erit, ac tamen pellucidum et sine corpore. Si jam posthac quotidiè arcano sanguinis humani *caute et prudenter* nutriatur et pascatur, et per quadraginta septimanas in perpetuo et æquabili calore ventris equini conservetur, fit indè verus et vivus infans, habens omnia membra infantis, qui ex muliere natus est, sed longè minor. Hunc nos Homunculum vocamus, et is posteà eo modo diligentiâ et studio educandus est, donec adolescat et sapere et intelligere incipiat. Hoc jàm est *unum ex maximis secretis* quæ Deus mortali et peccatis obnoxio homini patefecit, etc. » (*De naturâ rerum*, vol. 2, lib. 1, p. 86, Genève). L'*homunculus* a des propriétés nombreuses. Paracelse les énumère : « Si per illos (homunculos) hominem quemdam à morbo liberare velis et sanare, opus est ut imaginem ejus illinas et jungas. Si amorem, favorem et gratiam conciliare vis, homunculos geminos facies, quorum alter alteri manum porrigat, amplexetur, osculetur, et similia alia faciat amoris officia. Si absentum ex locis dissitis domum pertrahere velis, ut quotidiè tot miliaria conficiat, totidem et jam milliaria conficiet imago ejus in rotâ, procedens ex eo loco, ex quo homo ipse facere debet. Sic si tutus ab hostium armis esse cupias, imaginem tuam ex ferro vel chalybe parabis, et velut incudem indurabis. Si hostem ligaturus es, liga ejus imaginem. Hæc tibi etiam exempla sufficiant, ex quibus plura ipse deprimere poteris. » (*De imaginibus*, cap. 12, p. 502). N'est-il pas profondément regrettable qu'un homme de génie comme Paracelse soit tombé si bas? Dans quels travers durent donner les autres alchimistes! En voici encore quelques exemples.

L'*alcaest* était le dissolvant par excellence, l'agent qui pouvait donner à tous les corps sans exception la forme *liquide*. Paracelse le premier avait signalé son existence. Croirait-on que cette chimère occupa tout le xviie et près de la moitié du xviiie siècle? Van Helmont prétendit avoir possédé l'alcaest. Tackenius, Glauber, et beaucoup d'autres, ne voulant pas rester en arrière de Van Helmont, affichèrent les mêmes prétentions. Il fallut deux siècles pour que l'alcaest disparût du cercle des discussions scientifiques. « Si l'alcaest dissout tous les corps, s'avisa-t-on de dire enfin, il doit dissoudre aussi le vase qui le renferme; s'il dissout la silice, il doit dissoudre aussi le verre qui est formé de silice. » Cette réflexion si simple n'était venue à l'esprit de personne avant Kunckel.

La *palingénésie* était l'art de reproduire les plantes au moyen de leurs cendres. On brûlait une plante et l'on en recueillait les cendres. Ces cendres, on les confiait à la terre, et il en naissait une plante nouvelle. On devine que la science n'avait rien à voir dans ce tour, digne de Robert Houdin ou d'Hamilton, son successeur. Si l'on eût bien examiné les cendres, on y eût trouvé des graines.

Aujourd'hui, l'on connaît peu la nature et la composition du *Péché*. La théologie le définit vaguement : « Toute atteinte à la loi de Dieu. » Basile Valentin le représente comme le *résidu de la sublimation de nos parties célestes*. Un alchimiste plus moderne, Eckartshausen, entre dans d'assez longs détails sur ce sujet scabreux. Il donne la composition de chaque péché. Il fait plus : il en révèle la cause déterminante. Quelle est cette cause ? Le *gluten*. Oui, le gluten, cette substance que possèdent toutes les céréales, et dont l'homme et les bêtes font, plus ou moins, leur nourriture quotidienne. Le gluten se trouve également dans le sang humain ; il y subit des modifications provoquées par nos désirs sensuels, et détermine ainsi nos mauvais penchants. « Dans son état de dilatation le plus grand, il produit l'orgueil ; dans son état d'attraction, l'avarice et l'égoïsme ; dans son état de répulsion, la rage et la colère ; dans son état de rotation, la légèreté et la luxure, etc. » C'est dans le *Nuage qui plane au-dessus du sanctuaire* qu'on lit ces jolies choses. On n'en saurait trop peu recommander la lecture.

IX

Jusqu'ici il n'a guère été question que du côté grotesque de l'alchimie. Mais si elle fut, comme la philosophie, le récipient d'un grand nombre des aberrations de l'esprit humain, elle accueillit aussi beaucoup d'idées ou justes ou grandes. L'alchimie a un côté sérieux.

L'idée-mère de l'alchimie était la *composition des métaux.* Selon les alchimistes, les métaux n'étaient pas des corps *simples* (c'est-à-dire offrant à l'analyse des éléments toujours identiqués); pour eux, c'étaient des corps *composés.* — De plus, la composition des métaux était *uniforme;* elle ne variait jamais. Les métaux se composaient tous de mercure et de soufre. La quantité de ces deux éléments, leur qualité, voilà ce qui constituait la différence entre les métaux. Ainsi l'or ne différait du cuivre qu'en ce que le premier de ces métaux était formé de beaucoup de mercure très-pur uni à une petite quantité de soufre aussi très-pur. Le cuivre différait de l'or, parce que le mercure et le soufre entraient en quantités égales dans sa composition, etc. — La conséquence de ces principes était la possibilité de la transmutation Si, en effet, les métaux étaient des corps composés, si leur composition était uniforme et que la proportion seule de leurs éléments causât leurs différences, il n'y avait qu'à faire varier la proportion de ces éléments pour obtenir le métal voulu. Ce n'était qu'une affaire de patience.

On trouve dans les livres hermétiques une autre idée : celle de la *génération des métaux*. Dans le sein du globe, les métaux, croyait-on, s'élaboraient comme s'élabore le fœtus dans la matrice des animaux. Ils étaient doués d'une espèce de vie, et pouvaient passer de l'état imparfait à l'état parfait, comme ils pouvaient de l'état parfait revenir à l'état imparfait. L'or était l'idéal de la perfection métallique. L'argent venait ensuite. Les autres métaux étaient réputés *vils*. Cette idée de la génération des métaux n'est que le complément de celle de leur composition. — Elles devaient nécessairement produire une troisième idée : celle de l'existence d'une sorte de semence des métaux, *metallorum sperma*, agissant, soit à la façon des substances fécondantes des animaux, soit à la manière des ferments. De là, l'invention de la pierre philosophale.

X

Dans la pratique, les alchimistes eurent tort. On l'a vu de reste. En théorie eurent-ils raison? Est-il possible, dans l'état présent de la science, de porter sur eux un jugement définitif? En d'autres termes, les métaux sont-ils des corps simples ou des corps composés? Si les métaux sont des corps simples, le problème de la transmutation se complique; si ce sont des corps composés, il est résolu. On saisit l'importance de la question.

La science officielle enseigne et soutient, depuis soixante ans, le principe de la simplicité des métaux. Dans son enseignement oral, dans son enseignement écrit, ce principe est considéré comme à peu près inébranlable. La science officielle fait son devoir. Elle ne doit pas sortir du territoire des faits acquis (1).

(1) On a souvent fait un crime à l'Académie des sciences de sa pusillanimité. Elle manque d'audace, dit-on. Elle a refusé de reconnaître tout d'abord une foule de découvertes qui plus tard ont fait leur chemin. — Ces reproches sont injustes. Où en serait-on si l'Académie des sciences accueillait immédiatement toutes les conceptions qu'on lui soumet? Quel chaos dans la science! — C'est lorsqu'on étudie l'histoire de l'alchimie que l'utilité d'une Acadé-

Ce principe, toutefois, n'est pas inattaquable. Si les faits dont on dispose aujourd'hui, et qui le combattent, ne sont ni assez nombreux ni assez forts pour le renverser, du moins suffisent-ils pour lui enlever de son autorité. Voici ces faits :

1° Quatre substances simples (l'oxygène, l'hydrogène, le carbone et l'azote), entrent seules, au dire des chimistes, dans la composition des corps organisés. Or, ils veulent que plus de soixante éléments soient nécessaires à la formation des combinaisons minérales. N'y a-t-il pas là contradiction? Ainsi, l'atmosphère qui nous entoure et dont l'épaisseur n'est pas inférieure à 15 ou 20 lieues, l'eau qui occupe les trois quarts du globe, toutes les créations animales et végétales, n'exigeraient que quatre substances, tandis que la masse solide du globe en exigerait au delà de soixante pour sa composition! N'est-il pas

mie des sciences se comprend. Les alchimistes eussent-ils commis tant de fautes, avancé tant de billevesées, et finalement perdu l'alchimie, s'ils eussent senti le *frein salutaire* d'une Académie. — Que, dans leur feuilleton scientifique hebdomadaire, les journalistes se montrent infiniment moins sévères; rien de mieux. Ils sont dans leur rôle de *remueurs d'idées*. C'est, du moins, ainsi que nous l'entendions, quand le feuilleton scientifique de la *Gazette de France* nous était confié. — Mais l'Académie doit faire à peu près le contraire de ce que font les journalistes. Où irait-on sans cela?

probable que, si quatre substances seulement suffisent aux actions moléculaires des produits organiques, elles suffisent pareillement à toutes les exigences des combinaisons minérales?

2° Il n'est pas vrai que tous les métaux soient des corps simples. L'ammonium, métal nouvellement découvert dans les sels ammoniacaux, est composé d'hydrogène et d'azote. « On a réussi, depuis quelques années, à produire toute une série de composés renfermant un véritable métal, et ce métal est constitué par la réunion de trois ou quatre corps différents. Le nombre des combinaisons de ce genre s'accroît chaque jour, et tend de plus en plus à jeter du doute sur la simplicité des métaux. » (Figuier, p. 75.)

3° Les appareils de chimie n'ont pas atteint leur plus haut degré de perfection. N'est-il pas possible qu'ils soient impuissants à constater la présence de certains des corps qui entreraient dans la composition d'un métal? Supposons, par exemple, que l'or soit formé par la combinaison de l'oxygène (1) en un état autre que le gazeux et d'une autre substance. Comment découvrir dans l'or la présence de l'oxy-

(1) Le platine, l'or et l'argent s'oxydent moins facilement que les autres métaux. Cela n'indiquerait-il pas qu'ils sont saturés d'oxygène ou qu'ils ont plus d'oxygène que ceux-ci?

gène, s'il s'y trouve, par exemple, *à l'état solide?* — On possède un métal à l'état liquide, le mercure; l'oxygène à l'état solide n'offrirait rien de plus singulier. — Depuis combien de temps, d'ailleurs, a-t-on pu constater cet état particulier affecté par l'oxygène et auquel on a donné le nom d'*ozone?*

XI

Mais en supposant que les métaux soient réellement des corps simples, il n'y aurait pas lieu de complètement désespérer de la réalisation du rêve alchimique. Le principe auquel on a donné le nom d'*isomérie,* est loin de ravir tout espoir.

Longtemps on crut que deux corps possédant une même composition chimique, avaient les mêmes propriétés. Les alchimistes, conséquents avec eux-mêmes, professaient l'opinion contraire. L'expérience a fini par donner raison aux alchimistes. Il est aujourd'hui reconnu que deux substances peuvent présenter la même composition chimique et posséder des propriétés différentes. Ainsi l'acide fulminique et l'acide cya-

nique contiennent les mêmes quantités de carbone,
d'oxygène et d'azote; le premier (dans les fulminates)
détone à la plus faible élévation de température; le
second (dans les cyanates) résiste à la chaleur rouge.
Ainsi encore l'acide cyanydrique et le formiate d'am-
moniaque, etc. « La forme, le nombre et l'ordre, ne
sont donc pas, suivant l'expression d'Aug. Laurent,
moins essentiels que la matière. » C'est la constitution
moléculaire d'un corps, non sa composition chimique,
qui fait ses propriétés. — Maintenant, l'isomérie qui
atteint les corps composés, ne saurait-elle frapper
aussi les corps simples? L'or et le cuivre ont des propriétés différentes; mais en présence des faits qui pré-
cèdent, on ne peut plus affirmer que ce soient deux
substances différentes. Or, si le cuivre et l'or ne dif-
féraient réellement que par leur constitution moléculaire, qu'en résulterait-il? Le rêve alchimique pour-
rait passer en fait.

Une autre découverte de M. Dumas induit à penser
que les corps simples sont isomères. En comparant
les propriétés générales des corps isomères aux propriétés des métaux, il a constaté que ceux-ci repro-
duisaient certains caractères appartenant à ceux-là.
« Dans toutes les substances présentant un cas d'isomérie, on trouve habituellement des équivalents égaux,

ou bien des équivalents multiples ou sous-multiples les uns des autres. Or, ce caractère se retrouve chez plusieurs métaux. L'or et l'osmium ont un équivalent presque identique. Il est rigoureusement le même pour le platine et l'iridium, etc. » Enfin, un chimiste anglais, le docteur Prout, a reconnu que les équivalents chimiques de la plupart des corps simples sont des multiples exacts du poids de l'équivalent de l'un d'entre eux (voy. Figuier, p. 352 et suiv.)

Autre fait très-remarquable. « On voit, dit Dufrénoy (à propos d'un alliage natif d'or et d'argent désigné par Klaproth sous le nom d'*electrum*), des lamelles qui présentent la couleur jaune de l'or, tandis que d'autres sont d'un blanc jaunâtre; en sorte qu'en choisissant les parties différentes par la couleur on obtiendrait des compositions très-variées. » *Minéralogie*, t. III, p. 202). — M. Th. Tiffereau (le seul alchimiste sérieux qu'ait eu l'alchimie peut-être), en tire cette conséquence. « N'est-ce pas là, dit-il, un de ces faits que la nature nous montre comme exemple de la transformation de l'argent en or? Comment concevoir et expliquer la formation de ces alliages si variés de ces deux métaux dans un même minerai, si ce n'est par le passage de l'argent à l'état d'or, parce que certaines lamelles ont été plus proches du cou-

rant générateur que j'appelle courant électrique, qui
a favorisé dans certaines lames le passage d'une plus
grande quantité d'argent à l'état d'or, tandis que les
autres, étant plus éloignées ou ne recevant qu'une
plus faible portion du courant, ont produit dans le
même temps des quantités d'or de plus en plus fai-
bles? » (6ᵉ Mémoire, 1854, p. 69.) — L'alchimie,
comme on voit, dépouille le vieil homme, et entre
dans la voie scientifique.

XII

Le principe alchimique de la *génération des métaux*, et l'existence du *ferment* ou de la *semence métallique*, à laquelle on a donné le nom de *pierre philosophale*, ne peuvent se défendre aussi avantageu-
sement que le principe de la *composition* et la non-
impossibilité de la *transmutation* des métaux. — Dans
l'état de la science, il est prudent de garder le silence
sur ces deux questions.

XIII

Les alchimistes voyaient-ils nettement les conséquences de la transmutation des métaux vils ou im-

parfaits, en métaux nobles ou parfaits? Il est permis d'en douter.

« Pleust à Dieu, dit Flamel (ou plutôt l'auteur qui se cache sous son nom), — pleust à Dieu que chascun sceust faire de l'or à sa volonté, afin que l'on vesquît menant paistre ses gras troupeaux, sans vsure et procez, à l'imitation des sainctz patriarches, vsant seulement, comme les premiers pères, de permutation de chose à chose, pour laquelle il fauldroit trauailler aussi bien que maintenant. » (*Figures hiérogliftques*, etc.)

La pierre philosophale, on en conviendra, n'aiguisait pas extraordinairement la perspicacité de ses possesseurs. Qui ne voit, en effet, que, l'or et l'argent avilis, dépréciés, — on serait contraint à se rejeter sur une autre valeur *manuelle?* Pour revenir aux temps primitifs, à ces temps, — *heureux*, dit-on, — où l'on menait *paistre ses gras troupeaux* (lorsqu'on avait la chance d'en avoir), il faudrait, non pas seulement que l'or, l'argent, le platine, les pierres précieuses, eussent subi une dépréciation immense; il faudrait surtout que l'esprit humain eût subi une révolution complète. Toute une révolution intellectuelle serait indispensable. — On en est loin, grâce à Dieu! Ingres paraît-il disposé à brûler Raphaël? Hugo à rôtir Corneille et Shakspeare? Dumas le chimiste brisera-t-il ses fourneaux et cornues? Rothschild renoncera-t-il à ses vastes spéculations, aliments de l'industrie des deux mondes? On peut hardiment défier la pierre philosophale d'opérer ces transmutations-là (1). Telle est cependant la condition *sine quâ non* du retour de l'homme vers son berceau et au système d'échange préconisé par le bon Flamel.

Si la transmutation métallique se réalise un jour, si les substances précieuses deviennent viles, ce n'est point au temps des patriarches que les sociétés humaines remonteront. Elles entreront dans une nouvelle phase financière. Voilà tout. — Chose grave sans

(1) Voici, selon nous, le meilleur argument en faveur du progrès, et celui qui affirme le mieux sa réalité. Malgré les besoins plus nombreux, malgré les souffrances morales plus nombreuses et plus vives, qui atteignent l'homme intelligent, il n'en est pas un, peut-être, qui ne souhaite à ses enfants une intelligence supérieure, pas un qui ne cherche à développer leur intelligence rudimentaire. Est-ce simplement affaire d'amour-propre? Non pas. L'homme intelligent sait que, si les besoins et les souffrances morales sont en raison directe du développement intellectuel, les jouissances morales sont aussi dans cette même raison. Il y a balance. — L'homme inintelligent a moins de besoins, moins de souffrances; mais il a peu de jouissances. Balance aussi. — Mais celui-ci *végète*, tandis que celui-là *vit*. — Entre les deux situations, l'hésitation est-elle possible?

doute, mais non épouvantable. La vapeur et l'électri-
cité auront causé plus de bouleversements.

Un papier-monnaie, une monnaie métallique, l'un
et l'autre sans valeur intrinsèque, il est vrai, mais re-
présentant l'un et l'autre soit une valeur immobilière,
soit une valeur mobilière, garantis d'ailleurs par les
gouvernements et les nations, n'est-ce pas à ces moyens
qu'on se hâterait de recourir ? — Dès lors, qu'y aurait-il de foncièrement changé ?

Ce qu'il y aurait de vraiment remarquable dans la
révolution qui se produirait, c'est l'augmentation de
valeur des immeubles et de certains meubles, c'est la
restitution aux campagnes d'une foule de bras qui
leur sont malheureusement enlevés par les villes, c'est
l'élévation du salaire des ouvriers agriculteurs, leur
instruction plus solide, et par suite le rendement plus
considérable des productions du sol. — On ne revien-
drait pas *au temps des patriarches;* on arriverait au
temps où chacun mangerait de bon pain, *sans mélange
de féveroles.*

Peut-être trouvera-t-on qu'il était inutile d'appuyer
ainsi sur les conséquences possibles de la solution du
problème alchimique. Telle n'est pas notre opinion.
Les 400 millions, en moyenne, que les placers de la
Californie et de l'Australie versent chaque année dans

la circulation, le numéraire de la France (le plus fort de l'Europe, environ trois milliards), ces deux faits parlent haut. Ne disent-ils pas clairement que, si la pierre philosophale n'avilit jamais les métaux nobles, les métaux nobles peuvent s'avilir eux-mêmes?... N'est-il pas bon, dès lors, de prévoir une révolution financière, si lointaine qu'elle soit, et d'y parer?...

XIV

La *Fontaine des Amoureux de Science* a été un peu négligée jusqu'ici. Il est grand temps de penser à elle.

Le mérite *littéraire* de ce poëme n'est pas grand. A côté de quelques beaux vers, un grand nombre de pitoyables. — La littérature du xve siècle n'est pas brillante; elle n'est que curieuse. Il semble que les xiiie et xive siècles aient, à leur singulier profit, dépouillé le xve de ses richesses poétiques. Le xve siècle ne compte guère qu'un seul vrai poète : Charles d'Orléans. Et, chose notable, peut-être celui-ci ne dut-il qu'à sa longue captivité en Angleterre son immense supériorité sur la plupart des poètes, ses contemporains. Vivant dans leur milieu (1), il en eût pris sans

(1) Ch. d'Orléans naquit en 1391. Il fut fait prisonnier par les Anglais à la désastreuse bataille d'Azincourt (1415). Il ne recouvra

doute plus d'un défaut. A quelque chose malheur est bon. Littérairement, la *Fontaine des Amoureux de Science* ne se distingue point des autres poëmes du xvᵉ siècle.

Son mérite *scientifique* n'est pas, non plus, extraordinaire. Il serait difficile de faire de l'or par les procédés (1) que recommande l'auteur. Quels sont ces procédés? Après les avoir lus et médités, on ne les connaît pas mieux que devant. Une obscurité toute hermétique les enveloppe, suivant les prescriptions des maîtres.

Le grand mérite, à nos yeux, de ce poëme souvent insipide, est d'avoir eu pour auteur un alchimiste, nommé *Jean de la Fontaine*. Au xviiᵉ siècle, il y eut un autre alchimiste portant le même nom. — Est-ce jeu du hasard que ce La Fontaine, alchimiste au xvᵉ siècle, et ce La Fontaine, alchimiste au xviiᵉ? N'y au-

la liberté qu'en 1440, après les conférences de Gravelines, et mourut en 1465. — Homme politique, Ch. d'Orléans est inférieur au poète. Il lui manquait ce *flegme,* sans lequel les plus robustes qualités peuvent devenir des défauts.

(1) Zachaire, *loc. citat.,* les appelait avec raison « mauldictes receptes, ou (pour parler plus proprement) deceptes. » Il y fut « par ung temps, dit-il, plus enuelopé et enfermé que oncques Dedalus ne fust en son Laberynthe. » Heureux, toutefois! puisque, à la fin, il s'en tira à sa propre satisfaction.

rait-il, dans cette coïncidence, qu'une apparence d'enseignement? — La Fontaine l'Ancien chercha, vraisemblablement, toute sa vie, la *pierre philosophale*. Il ne la trouva pas. — La Fontaine le Jeune ne la chercha jamais, et la trouva.

Ceci ne prouve-t-il pas que la pierre philosophale, — non plus que la fortune et la vraie gloire, — ne veut être trop violentée ?

Longny et Tourouvre (Orne), août 1861.

—

LA FONTAINE

AMOVREVX DE SCIENCE

—

E fut au temps du mois de May,
Qu'on doibt fouïr dueil et esmay,
Que i'entray dedans vng vergier
Dont Zephirus fut iardinier.
Quand deuant le iardin passoye,
Ie n'estois pas vestu de soye,
Mais de pauures draps maintenu,
Pour n'apparoir en public nu.
Et m'esbattant auec desir
De chasser loing mon desplaisir,
Ouy vng chant harmonieux
De plusieurs oyseaux gratieux.

Adonc ie regarday l'entrée
Du iardin, qui estoit fermée.
Mais comme ma veuë estima,
Zephirus tost la defferma ;
Puis se retira, par effect
Monstrant qu'il n'auoit cela faict.
Et quand ie vis celle maniere,
Ie me tiray vng peu arriere,
Et en apres entray dedans.
Du iour n'auois mangé des dents ;
l'auoye grand soif et grand faim,
Mais portois auecq moy du pain
Qu'auois gardé vne sepmaine.

Lors apperceu vne fontaine
D'eaue tres clere, pure et fine,
Qui estoit soubs vne aubespine.
Ioyeusement empres m'assis,
Et de mon pain soupes y fis ;
Puis m'endormis, apres mangier,
Dedans ce gratieux vergier ;
Et, selon mon entendement,
Ie dormy assez longuement,
Pour la plaisance que prenoys
Estant au songe que songeois.
Or pourrez scauoir de mon songe,
Et s'après le trouuay mensonge.

Il est vray qu'il me fut aduis
Que deux bell's dames au cler vis,
Semblables à filles de roy
Au regard de leur noble arroy,
Vers moy s'en vindrent doulcement;
Et ie les saluë humblement,
En leur disant : « Illustres dames,
» Dieu vous sauf et de corps et d'ames!
» Plaise vous à moy vos noms dire;
» Ce ne me vueillez esconduire. »

L'vne respond par grand plaisance :
« Amy, i'ay à nom Congnoissance;
» Voicy Raison que i'accompaigne,
» Soit par monts, par vaux, par campaigne;
» Elle te peult faire moult saige. »

Alors entendant ce langaige,
Et cuidant estre resueillé,
D'vng cas fus fort esmerueillé :
Car issir veis de la fontaine,
Qui est tant aggréable et saine,
Sept ruisseaux que veu ie n'auoye,
M'estant couchié en celle voye,
Lesquelz m'auoyent si fort mouillé
Que i'en estoye tout souillé.
Là s'espandoit l'eaue à foison.

Adonc priay dame Raison,
Qui estoit auecq Congnoissance,
Me dire la signifiance
De la fontaine et des ruisseaux
Qui sont si plantureux et beaux,
Et à qui estoit le pourpris,
De tous costez bien entrepris,
D'arbres et de fleurs odorantes
Arrousez des eaues courantes,
En sorte que pareils iamais
Ne me sembloit auoir veu. — Mais
Elle me dict tresdoucement :
« Mon amy, tu scauras comment
» Va de ce qu'as si grand desir :
» Escoute moy tout à loisir.

» En la Fontaine ha vne chose,
» Qui est moult noblement enclose.
» Celuy qui bien la congnoistroit,
» Sur toutes aultres l'aymeroit.
» Qui la vouldroit chercher et querre,
» Et puis trouuée mettre en terre
» Et seicher en menue pouldre,
» Puis arriere en son eau resouldre,
» Mais que fussent auant parties,
» Puis assemblées les parties,
» Qui la terre mettroit pourrir

» En l'eaue que la doibt nourrir,
» Il en naistroit vne pucelle
» Portant fruict à double mammelle,
» Mais qu'on ostast la pourriture,
» Dont elle ne son fruict n' ha cure.
» La pucelle dont ie deuise
» Si poingt et ard en mainte guise :
» Car en l'air monte, en hault volant,
» Puis descend bas, à val coulant;
» Et en s'en descendant, faonne
» Faon que nature luy donne.

» C'est vng Dragon qui ha trois goules
» Famineuses et iamais saoules.
» Tout entour de luy chascun rue,
» L'enuironnant ainsi qu'en rue,
» Et poursuiuant par forte chasse (1)
» Tant que gresse couure sa face,
» Que le noircist et si l'englue.
» Puis le compresse et le mengue.
» Elle r'enfante mesmement
» (Ce se fait amoureusement)

(1) Dans l'édition donnée par P. Rigaud, Lyon, 1618, on signale cette variante :

>   *Mais auant par chaleur on chasse*
>   *Gresse que luy couure la face.*

Et cette autre :

>   *Mais dessus luy faut que l'on chasse,* etc.

» Plus puissant que deuant grand somme;
» Puis le boit comme ius de pomme.
» Ainsi l'enfant à sa manière,
» Souuent boit et r'enfante arrière,
» Tant que plus cler est que christal.
» Pour vray le fait en est ytal.
» Et quand il est ainsi luisant,
» En eaue moult fort et puissant,
» Il pense deuorer sa mère,
» Qui ha mangié son frère et père.
» Ainsi comme l'alaitte et couue
» Le Dragon, fière de sa couue.
» Sa mère en deux parties part,
» Que luy aide apres ce depart,
» Et puis la deliure a trois goules
» Qui l'ont plustost prins que gargoules.

» Alors est le plus fort du monde;
» Iamais n'est rien qui le confonde;
» Merueilleux il est et puissant;
» Une once en vault cent d'or pesant.
» C'est vng feu de telle nature
» Qu'il passe toute pourriture,
» Et transmue en aultre substance,
» Quand qu'il attaint à sa semblance;
» Et guerist maladie toute,
» Apostume, lepre, et goutte;

» Et és vieulx corps donne ieunesse,

» Et és ieunes, sens et liesse;

» C'est ainsi que de Dieu miracle.

» Ce ne peult faire le triacle,

» Ne rien qui soit soubz ciel trouué,

» Fors cecy, qui est esprouué

» Par les Profètes anciens

» Et par docteurs Phisiciens.

» Mais on ne l'ose plus enquerre,

» Pour peur des seigneurs de la terre;

» Oncques mais n'aduint tel meschié,

» Car ce faire on peult sans peschié.

» Moult de Sages si l'ont aymé;

» Mauldit soit qui l'ha diffamé.

» L'on ne le doibt onc reueler

» Qu'à ceulx qui veulent Dieu aymer.

» Et qui bien ayment, ont victoire

» Pour seruir Dieu, aymer, ou croire :

» Car cil à qui Dieu donne espace

» De viure tant que en quelque place

» Il ayt celle œuure labourée,

» Ha de Dieu la grace impetrée

» En soy; saches certainement :

» Dont prier doibt deuotement

» Pour les saincts hommes qui l'ont mise

» En escript selon leur deuise;

» Philosophes et saincts preud'hommes,
» Dont ie ne scay dire les sommes ;
» Mais Dieu leur face à tous mercy,
» Qui ont ouuré iusques icy ;
» Et ceulx qui ayment la science
» Dieu leur doint bien et patience.
» Scauoir doibs que celuy Serpent
» Que ie t'ay dit premierement,
» Est gouuerné de sept Ruisseaux,
» Qui tant sont amoureux et beaux.
» Ainsi l'ay voulu figurer ;
» Mais aultrement le vueil nommer :
» C'est vne pierre noble et digne,
» Faicte par science diuine,
» En laquelle vertu abonde
» Plus qu'en nulle qui soit au monde ;
» Trouuée est par Astronomie
» Et par vraye Philosophie.
» Elle prouient en la montaigne
» Où ne croist nulle chose estraigne.
» Scachez de verité prouuée,
» Plusieurs sages l'y ont trouuée.
» Encores la peult on trouuer
» Par peine de bien labourer ;
» Des Philosoph's est la pierrière
» Que tant est amoureuse et chière.
» Aysement on la peult auoir,

» Et si vault mieux que nul auoir.
» Mais peine auras moult endurée
» Deuant que tu l'ayes trouuée;
» L'ayant, n'auras faulte de rien
» Qu'on trouue en ce monde terrien.
» Or' reuenons à la fontaine
» Pour en scauoir chose certaine.

» Celle fontaine de valeur
» Est à vne dame d'honneur,
» Laquelle est Nature appellée,
» Qui doibt estre moult honorée :
» Car par ell' toute chose est faicte,
» Et s'elle y fault, tost est deffaicte.
» Long temps ha que fust establie
» Celle Dame, ie vous affie :
» Car aussi tost que Dieu eut faicts
» Les Elemens qui sont parfaicts,
» L'Eaue, l'Air, la Terre et le Feu,
» Nature en tout parfaicte feu.
» Sans Nature, ne peut plus croistre
» Dedans la mer la petite oistre;
» Car Nature est mere à la ronde
» De toutes les choses du monde.
» Noble chose est que de Nature.
» Moult y bien appert à figure
» De l'homme, que Nature ha faicte;

4

» En quoy de rien ne s'est meffaicte.
» Aussi fait-il en plusieurs choses
» Qui par Nature sont descloses :
» Oyseaux, arbres, bestes, fleurettes,
» Du tout par Nature sont faictes ;
» Et ainsi est-il des metaulx,
» Qui ne sont pareils ny esgaulx ;
» Car par elle mesme se font
» Dedans la terre bien profond :
» Desquelz plus à plein conteray
» Quand Nature te monstreray,
» Laquelle ie veulx que tu voye,
» Affin que mieux suyue sa voye
» Et son sentier en la tienne œuure :
» Car il fault que la te descœuure. »

Ainsi que tels propos tenoit,
Ie veis Nature qui venoit.
Et alors, sans faire delay,
Droict encontre elle m'en allay
Pour la saluer humblement.
Mais certes tout premierement
Vers moy feit inclination,
Me donnant salutation.
Lors Raison dict : « Voicy Nature ;
» A l'aymer mets toute ta cure.
» C'est elle que te fera estre
» De son ouurage prudent maistre. »

Ie l'escoutay diligemment :
Et elle se prit saigement
A me demander d'où i'estoye
Et qu'en ce liu là ie queroye,
Car il estoit beaucoup sauuaige,
Et pour les non clercs plein d'ombraige.
« Dame, di-ie, par Dieu de cieulx,
» Ie suis venu ci, comme cieulx
» Qui ne scait en quell' part aller
» Pour bonne aduenture trouuer.
» Mais ie vous diray sans attente
» Et en brief propos mon entente.
» Vn moult grand Prelat vey iadis
» Scauant, clerc, prudent et subtils,
» Qui parloit en commun langaige,
» Ainsi que faict maint homme saige,
» Du scauoir de la medicine
» Qu'il faisoit trés-haulte et tres-digne,
» En demonstrant ses excellences
» Par moult grandes experiences ;
» De Philosophie et science (1)
» Deuisoit en grand reuerence ;
» Bien auoit esté à l'escolle.
» Alors fus mis en vne colle
» Ardente d'apprendre et scauoir

(1) Edit. 1618 :
    Des Philosophes et leur science.

» Chose meilleur' que tout auoir,
» Et de luy demander m'aduint
» D'où premier la science vint;
» S'on escript où la rencontra,
» Et qui fut cil qui la monstra.
» Il me respondit sans delay
» Par ces propos que vous diray.

» Science si est de Dieu don,
» Qui vient par inspiration.
» Ainsi est science donnée
» De Dieu, et en l'homme inspirée;
» Mais auecq ce apprend on bien
» A l'escolle par son engien.
» Mais auant qu'onc lettre fust veuë
» Si estoit la science sçeuë
» Par gens non clers, mais inspirez,
» Qui doibuent bien estre honorez :
» Car plusieurs ont trouué science
» Par la diuine sapience.
» Et encor est Dieu tout puissant
» Pour donner à son vray seruant
» Science telle qu'il luy plaist :
» Dequoy à plusieurs clers desplaist,
» Disans qu'aulcun n'est suffisant
» S'il n'a esté estudiant;
» Qui n'est maistre és arts, ou docteur,

» Entre clers reçoit peu d'honneur.
» Et de ce les doibt on blasmer
» Quand aultruy ne sçauent loüer.
» Mais qui bien punir les vouldroit,
» Les liures oster leur fauldroit.
» Là seroit science faillie
» En plusieurs clers, n'en doubtez mie;
» Et pas ne le seroit és laiz
» Qui font rondeaulx et virelaiz,
» Et qui sçauent metrifier,
» Et plusieurs choses, que mestier
» Font à maintes gens à deliure,
» Qu'ils ne trouuent pas en leur liure.
» Le charpentier, et le masson
» N'estudient que bien peu, non;
» Et si font aussi belle vsine
» Qu'estudians en Medicine,
» En Loix, et en Theologie,
» Pour auoir practiqué leur vie.

» Dés lors fus grandement espris
» D'emploïer du tout mes espris,
» Tant que par vraye experience
» Auoir peusses la congnoissance
» De ce que maint homme desire
» Par grace du souuerain sire. »
Mon conte, Raison et Nature

Bien escoutaient, ie vous asseure.
Puis à Nature di : « Madame,
» Helas, tousiours de corps et d'ame
» Suis en trauail, voulant apprendre
» Science, où ne puisse mesprendre,
» Pour auoir honneur en ma vie,
» Sans ce que nul y ait enuie :
» Car tout mon bien ie vueil acquerre,
» Comme les laboureurs de terre ;
» La terre fouïr et houër,
» Et puis la semence semer,
» Comme font les vrays laboureurs,
» Qui sont leurs biens et leurs honneurs.
» Et pour cela prier vous vueil
» Que vous me dictes de voz vueil,
» Comme on nomme celle fontaine
» Qui tant est amoureuse et saine »

Elle respond : « Amy, de voir,
» Puis que desirez le scauoir ;
» Elle s'appelle, pour le mieux,
» La fontaine des amoureux.
» Or te doibt-il estre notoire
» Que depuis Eue, nostre mere,
» l'ay gouuerné tretout le monde,
» Si grand comme il est à la ronde.
» Sans moy ne peult chose regner,

» Si Dieu ne la veult inspirer.
» Moy, qui suis Nature appellée,
» l'ay la terre enuironnée,
» Dehors, dedans, et au milieu;
» En toute chose prins mon lieu,
» Par mandement de Dieu le Père;
» De toutes choses ie suis mere;
» A toutes ie donne vertu;
» Sans moy n'est rien, ne oncques fu
» Chose qui soit soubs ciel trouuée,
» Qui par moy ne soit gouuernée.
» Mais puis que tu entens raison,
» Ie te vueil donner vng bel don,
» Par lequel, si tu veux bien faire,
» Tu pourras Paradis acquerre,
» Et en ce monde grand' richesse,
» D'on te pourra venir noblesse,
» Honneur et grande seigneurie,
» Et toute puissance, en ta vie.
» Car en ioye tu l'vseras,
» Et moult de nobles faictz verras
» Par celle fontaine et cauerne
» Qui tous les sept metaulx gouuerne.
» Ils en viennent, c'est chose claire.
» Mais de la Fontaine suys mere,
» Laquelle est doulce comme miel,
» Et aux sept Planetes du ciel

» Comparée est : scauoir, Saturne,
» Iupiter, et Mars, et la Lune,
» Le Soleil, Mercure et Venus :
» Entends bien, tu y es tenus.
» Les sept Planetes que i'ay dict,
» Accomparons sans contredict
» Aux sept metaulx venans de terre,
» Qui tous sont faicts d'vne matiere.
» L'*or* entendons par le Soleil,
» Qui est vng metail sans pareil ;
» Et puis entendons pour l'*argent*
» Luna, le metail noble et gent.
» Venus pour le *cuiure* entendons,
» Et aussi c'est moult bien son nom.
» Mars pour le *fer,* et pour l'*estain*
» Entendons Iupiter le sain ;
» Et le *plomb* pour Saturne en bel
» Que nous appellons or mesel.
» Mercurius est *vif argent,*
» Qui a tout le gouuernement
» Des sept metaulx : car c'est leur mere,
» Tout ainsi que si les compere,
» Qui les imparfaits peut parfaire.
» Après le te veulx remetraire.

» Or entends bien que ie diray,
» Et comme ie declareray

» La fontaine à dame Nature,
» Que tu vois cy près en figure.
» Si tu sçais bien Mercure mettre
» En œuure, comme dit la lettre,
» Medicine tu en feras,
» Dont paradis puis acquerras,
» Auecques l'honneur de ce monde,
» Où grand planté de bien abonde.

» Sçauoir doibs par Astronomie
» Et par vraye Philosophie,
» Que Mercure est des sept metaulx
» La matiere, et le principaulx :
» Car par sa pesanteur plombasse,
» Se tient soubz terre en vne masse,
» (Nonobstant qu'elle est volatiue
» Et és aultres moult conuersiue)
» Et est soubz la terre trouuée,
» Tout ainsi comme est la rousée.
» Et puis en l'air du Ciel s'en monte,
» (Moy, Nature, le te raconte)
» Et si après peulx concepuoir
» Qui en veult medicine auoir
» Mercuriale en son vessel,
» Le mettra dedans le fournel
» Pour faire sublimation,
» Qui est de Dieu vng noble don,

» Laquelle ie te veulx monstrer

» A mon pouuoir, et figurer.

» Car si ne fais purs corps et ame,

» Ia ne feras bonne amalgame,

» N'aussi bon paracheuement.

» Mets y donc ton entendement.

« Or entends si tu veulx sçauoir

» (Mieux vault bon sens que nul auoir) :

» Pren ton corps et en fais essay;

» Comme aultres ont faict, bien le scay.

» Ton esprit te fault bien monder,

» Ains que puisses incorporer.

» Si faire veulx bonne bataille,

» Vingt encontre conuient sans faille (1),

» Et si ton corps ne peult destruire

» Vingt, à ce pas il faut qu'il meuire (meure).

» Si est la bataille première

» De Mercure très-forte et fiere ;

» Après rendre luy conuient faire,

» Ançois qu'on n'en puist rien attraire.

» Quand à ton vouloir entrepris

» Rendu sera, lors estant pris,

» Si tu en veulx auoir raison,

» L'enfermeras dans la prison

(1) Edit. 1618, Lyon, P. RIGAUD :

      « Vingt contre sept conuient sans faille. »

» D'où il ne se puisse bougier.

» Mais d'vng don le doibs soulagier,

» Ou pour toy rien ne vouldra faire

» Tant que luy feras le contraire;

» Et si faire luy veulx plaisir,

» Il le te conuient eslargir,

» Et remettre en son premier estre,

» Et pour ce seras tu son maistre :

» Aultrement sçauoir bien ne peulx

» Ce que tu quiers et que tu veulx.

» Mais par ce point tu le sçauras,

» Et à tout ton plaisir viendras,

» Mais que tu faces de ton corps

» Ce dont te fais cy le recors.

» Faire doibs doncq, sans contredict,

» Premier de ton corps vng esprit,

» Et l'esprit réincorporer

» En son corps sans point séparer.

» Et si tout ce tu ne sçais faire,

» Si ne commence point l'affaire.

» Après ceste coniunction,

» Se commence operation,

» De laquelle, si tu poursieux,

» Tu auras la gloire des cieulx.

» Mais tu doibs sçauoir, par ce liure,

» Que moy Nature te deliure,
» Que le Mercure du Soleil
» N'est pas à la Lune pareil :
» Car tousiours doibt demourer blanche
» Pour faire chose à sa semblance ;
» Et celuy qui au Soleil sert
» Le doibt ressembler en appert ;
» Car on le doibt rubifier :
» Et ce est le labeur premier.
» Et puis assembler les peult on,
» Comme i'ay dict, en la fasson
» Cy-deuant que tu as ouye,
» Qui te doibt trouuer en l'ouye.
» Et si ce ne sçauois entendre,
» En ton labeur pourrois mesprendre,
» Et à l'aduenture perdrois
» Long temps, et en vain l'vserois :
» Et s'à mon dict sçais labourer,
» Seurement y peulx proceder.

» Or as tu vng point de ceste œuure
» Que moy Nature te descœuure.
» Si te fault, par bonne raison,
» Faire après congelation
» Et de corps et d'esprit ensemble,
» Tant que l'vng à l'autre ressemble ;
» Et puis te conuient, par bon sens,

» Separer les quatre elemens,

» Lesquelz tous nouueaulx tu feras,

» Et puis en œuure tu metras.

» Premier tu doibs le feu extraire

» Et l'air aussi pour cest affaire,

» Et les composer en après :

» Ce te dy cy par mots exprès

» La terre et l'eaue, d'aultre part,

» Seruent moult bien à celuy art,

» Et ainsi fait la quinte essence (1) ;

» Car c'est de notre faict la cence (2).

» Quand tu as les quatre trouuez

» Et l'vng de l'autre separez,

» Ainsi comme ay dit par dessus,

» Ton faict sera demy conclus.

» Or peulx proceder; moïennant

» Que tu faces ce que deuant

» Ie t'ay en ce chapitre dit.

» Tu le mettras au four petit (3) :

(1) Variantes :

    Et aussi fait la quinte essence.

    Et en faisant la quinte essence.

(2) Variante :

    C'est de notre faict là science.

(3) Variante. :

    Le mettras au four vng petit.

» Cela s'appelle mariage

» Quand il est fait par homme sage;

» Et aussi c'est moult bien son nom.

» Or entendez bien la raison :

» Car masculin est fort liable

» Auecq feminin amiable.

» Et quand purs et netz sont trouuez,

» Et l'vng auecq l'aultre assemblez,

» Generation est certaine,

» Si que c'est vne œuure hautaine

» Et qui est de grande substance.

» Ainsi est-il, d'autre semblance,

» De maint homme et de mainte femme

» Qui ont bon loz et bonne fame,

» Par leurs enfans qu'ils scauent faire,

» Dont chaceun doibt priser l'affaire;

» D'oyseaulx, de bestes et de fruicts.

» Aultrement prouuer ie le puis :

» Mettez d'vng arbre la semence

» En terre pour bonne science;

» Après la putrefaction,

» En viendra generation.

» Par le froment le peulx sçauoir,

» (Qui vault mieux que nul aultre auoir) :

» Semant vng grain, en auras mille.

» Là ne fault estre moult habile.

» Ne oncques ne fut creature

» Qui dire peult à moy, Nature :
» Naissance ay prins sans te cercher,
» Et ne doibs rien me reprocher.
» Et ainsi des metaulx est il,
» Dont Mercure est le plus subtil.
» Quand il est mis dedans son corps (1),
» Que ie t'ay dit en mes records,
» Il le conuient enamourer
» De son pareil, puis labourer.
» Mais ains qu'à fin puisse venir,
» D'ensemble les fault despartir.
» Mais après celle despartie,
» Se r'assemblent, ie vous affie.
» La fois premier est fiansaille,
» Et la seconde l'espousaille ;
» A la tierce fois par droicture
» Assemblés en vne nature,
» C'est le mariage parfaict,
» Auquel gist trestout nostre faict.
» Or entens bien comme i'ay dit,
» Car pour vray en rien n'ay mesdit :

(1) Variante :

    « *Dans le four est mis, ou son corps,*
    » *Que ie t'ay dit en mes records,*
    » *Et de ce faire il est moult prest,*
    » *Ainsi que verras cy après.*
    » *Là luy conuient enamourer*
    » *Son pareil, et puis labourer.*

» Quand tu les auras separez,
» Et peu à peu bien reparez,
» En après les r'assembleras,
» Et l'vng auecq l'aultre mettras.
» Mais te souuienne en ta leçon
» Du proverbe que dit Caton :
» L'homme qui list, et rien n'entend,
» Semble au chasseur qui rien ne prend.
» Si apprens donc à bien entendre,
» Affin que ne puisses reprendre
» Les liures, ne les bons facteurs,
» Lesquelz sont parfaicts entendeurs :
» Car tous ceulx qui nostre œuure blasment
» Ne la congnoissent, mais diffament ;
» Celuy qui bien nous entendroit
» Moult tost à nostre œuure viendroit ;
» Plusieurs fois a esté ouurée
» Et par philosoph's esprouuée.
» Mais plusieurs gens tenuz pour sages
» La blasment, (dont ils sont folages),
» Et chascun les en doibt blasmer,
» Qui a sens en soy sans amer.
» Mais loüer doibt on bien et bel
» Tous ceulx qui ayment tel ioïel,
» Et qui le pensent à trouuer
» Par peine de bien labourer,
» Et doibt on dire : c'est bien faict ;

» Los merite leur bel effect.

» Or auons nous dict vne chose

» Qu'il fault que briefuement desclose :

» C'est que, si bien proceder veulx,

» Tu faces l'vnion des deux,

» Tant que fiancez puissent estre

» Ou vaissel qui en sçait bien l'estre ;

» Et puis pour ton faict separer

» Le te conuient bien ordonner.

» Et pour t'en dire la façon,

» Ce n'est que résolution

» Laquelle te faict grand mestier,

» Se poursuiuir veulx le mestier ;

» Elle doibt le compost deffaire,

» Ainsi que tu en as affaire.

» Quand tu verras la terre seiche, (1)

» Eaue du ciel fay qu'elle leiche,

» Car ils sont de mesme nature.

» Laboure doncques par droicture.

» C'est raison qu'ell' soit abreuuée ;

» Et de moy sera gouuernée.

» Or t'ai-ie dit, sans rien mesprendre,

(1) Variante :
    « *Tant que chascun à part luy soit.*
    » *Et puis aïant la terre soif*
    » *De l'eaue du ciel par droicture,*
    » *(Car ils sont tout d'vne nature)*
    » *C'est raison qu'ell' soit abreuuée.*

» Comme ton corps peult ame prendre,
» Et comme les fault despartir,
» Et l'vng d'auecq l'aultre partir.
» Mais la despartie, sans doubte,
» Est la clé de nostre œuure toute.
» Par le feu elle se parfaict ;
» Sans luy l'art seroit imparfaict.
» Aulcuns dient que feu n'engendre
» De sa nature, fors que cendre ;
» Mais, leur reuerence sauuée,
» Nature est dans le feu entée :
» Car si Nature n'y estoit,
» Iamais le feu chaleur n'auroit ;
» Et si prouuer ie le voulois
» Le Sel en tesmoing ie prendrois.
» Mais quoy !.. Nous lairrons ce propos,
» Et aultre dire voulons loz. »

Et quand ce parler entendis,
Le mot en mon cueur escripuis,
Et dis : « Noble Dame d'arroy,
» Vueillez vng peu entendre à moy ;
» Et reuenons à ces metaulx,
» Dont Mercure est le principaulx,
» Et me faictes, vous et Raison,
» Aulcune declaration,
» Ou de vostre faict suys abus

» Pour ce que dict auez dessus :
» Car vous voulez que ie defface
» Ce que i'ay faict de prime face,
» Et expressement vous le dites ;
» Ie ne sçay si ce sont redites,
» Ou si parlez par paraboles ;
» Car ie n'entens point vos escholes. »
« Amy, ce respondit Nature,
» Dy, comme entens tu le Mercure
» Que ie t'ay cy deuant nommé ?
» Ie t'ay dit qu'il est enfermé,
» Encores que souuent aduient
» Qu'en plusieurs mains il va et vient.
» Le Mercure que ie te lo,
» Surnommé de Mercurio,
» C'est le Mercure des Mercures ;
» Et maintes gens mettent leurs cures
» De le trouuer pour leur affaire :
» Car ce n'est Mercure vulgaire.
» Sans moy tu ne le peux trouuer ;
» Mais quand tu en vouldras ouurer,
» Moult te fauldra estre autentique
» Pour paruenir à la practique,
» Par laquelle pourras auoir
» De noz faictz vng tres grand sçauoir.
» Les metaulx te fauldra congnoistre
» Ou ton faict ne vauldra vne oistre.

» Or, pour entendre mieulx la guise,

» Ie te diray où l'œuure est mise ;

» Mesmement où elle commence,

» Si tu es filz de la science.

» Et cil qui y veult paruenir,

» Fault qu'à ce point sache venir,

» Ou riens ne vauldra son affaire,

» Pour labeur qu'il y sçache faire.

» Pour ce nommé-ie la fontaine,

» Qui tant est amoureuse et saine,

» Mercure, celuy vray surgeon,

» Qui cause est de perfection.

» Or entens bien que te diray.

» Car pour vray riens ne mesdiray :

» Celuy Mercure sans pareil

» Peulx tu trouuer ou le Soleil,

» Quand il est en sa grand'chaleur

» Et qu'il fait venir mainte fleur :

» Car après fleurs viennent les fruicts.

» Par ce point prouuer ie le puis,

» Et encore par cent manieres

» Qui sont à ce fait moult legieres ;

» Mais cestuy-cy est le principe

» Et pour cela le te recite.

» Certes ie ne t'ay abusé :

» Car pour voir il y est trouué.

» Et s'en Luna veulx labourer

» Autant bien l'y pourras trouuer,

» En Saturne, et en Iupiter,

» Et en Mars, que ie nomme Fer.

» Dedans Venus et en Mercure

» On peult bien trouuer la plus sure ;

» Mais, quant à moy, ie l'ay trouué

» Au Soleil, et puis labouré ;

» Et pour ce t'en ay faict ce liure

» Que tu m'entendes à deliure.

» Dedans Luna sçaches de voir,

» Ay-ie prins mon premier auoir.

» Encore dy ie aux entendeurs

» Que c'est tout vng de deux labeurs,

» Excepté rubifiement,

» Qui sert au Soleil noblement.

» Et plus dire ne t'en sçauroye,

» Si la pratique ne monstroye.

» Et celle ne te puis retraire

» Sinon que tu le voyes faire.

» Mais ayes bien en ta mémoire

» Ce que ie t'ay dit, c'est notoire (1).

» Estant à résolution,

» Faire doibs inbibition :

(1) Edit 1618 :

Ce que ie t'ay dit iusqu'à ire.

» Mais ne commence point à faire
» Ce que i'ay dit sur tel affaire
» Si n'as probation du faict
» D'auoir bien resouls l'imparfaict.
» Et si tu peulx passer ce pas,
» Recorpore-le par compas,
» En reuenant au faict premier ;
» L'aultre ne fut que messagier.
» Véoir le peulx évidemment
» Comme se faict legierement.
» Par plus brief tu ne peulx venir
» Au plus fort de ton aduenir ;
» Et si tu l'entens, pour certain
» Tu ne laboureras en vain.
» Et après ce labeur cy faict,
» Te fault reffaire le deffaict.
» Putrefaction est, pour voir,
» Dont il doibt naistre grand auoir :
» En ce point cy gist la mestrise
» Auquel tout nostre faict s'attise ;
» Et quoy que t'aye dit deuant,
» Icy gist tout le conuenant.
» Dans le four est mis l'appareil ;
» Tu en doibs auoir vng pareil,
» Car germe fault premier pourrir,
» Qu'il puisse dehors terre yssir.
» Mesmes la semence de l'homme,

» (Que pour probation te nomme),
» Se pourrit au corps de la femme
» Et deuient sang, et puis prent ame.
» Mais en forme de creature,
» Ce secret cy te dict Nature.

» Car vne chose en debura naistre,
» Qui sera bien plus que son mestre (1),
» Pour allaicter les quatre enfans
» Qui sont desià venus tous grans,
» Lesquelz Elemens sont nommez
» Et l'vng de l'autre separez.

» Or as-tu cinq choses ensemble
» Et l'vne à l'autre bien ressemble ;
» Aussi n'est-ce qu'une substance
» Toute d'vne mesme semblance.
» Là doibt l'enfant manger sa mere
» Et après destruire son pere.
» Fleur et laict et fruict auecq sang
» Conuient trouuer en vng estang.

» Or regarde dont le laict vient,
» Et que là sang faire conuient.
» Si ce ne sçay considerer

(1) Edit. 1618 :

> Que sçaura bien plus que son maistre.

» Tu pers ta peine à labourer ;

» Et si tu me sçay bien entendre,

» Si laboure sans plus attendre ;

» Car tu as passé le passage

» Où demeure maint fol et sage ;

» Là, te peulx vng peu reposer,

» Après commence à labourer

» Et poursui tant que face issier

» Fruict parfaict, qu'on nomme Elixier ;

» Car par œuure sciencieuse

» Se faict la pierre précieuse,

» Des Philosophes le renon,

» Qui en sçauent bien la raison ;

» Et n'est ioyel, ne mal auoir,

» Qui puisse cell'pierre valoir.

» Si ses effects voulx que ie die,

» Guarir peult toute maladie ;

» Aussi par ses tres nobles faicts,

» Parfaict les metaulx imparfaicts,

» Et ne faict plus chose du monde

» Fors ceste où grand vertu abonde.

» A merueilleux faicts est encline ;

» Pour tant la nommons medicine ;

» Et de toutes les aultres pierres,

» Que maints princes tiennent pour chieres,

» Nulle peult tant resiouir l'homme,

» Que ceste-cy que ie te nomme.

» Et pour ce ie t'en fais memoire
» Que tu le tiennes pour notoire :
» Car sur toutes pierres du monde,
» Vertu dedans la nostre abonde ;
» Et pour ce doibt faire debuoir
» De gaigner vng si noble auoir.
» Si tu me veulx bien ensuiuir
» A ce poinct pourras aduenir.

» Apprens bien, si feras que sage.
» Car ie t'ay dit jà tout l'vsage ;
» Au four tu le pourras bien veoir
» Auquel doibt estre ton auoir :
» Faisant par vng certain atour,
» De putrefaction le tour.
» Plus t'ay appris que de ces pars
» Ton œuvre demeure en deux pars ;
» De ce rien plus ne te diray
» Iusques en toy veuë i'auray
» Seruice pourquoy te le die ;
» Car aultrement feroy folie.
» Mais quand tu l'auras deseruy,
» En briefs motz ie te l'auray dy ;
» Pource ne m'en demande plus ;
» Ie n'ay que trop dit du surplus. »

Et quand i'eus entendu Nature

Que de parler plus n'auoit cure
Pour ses ouurages declairer,
Moult tendrement prins à plourer,
Et dis : « Noble dame d'arroy,
» Vueillez auoir pitié de moy
» Ou iamais ne seray deliure
» De ce qu'ay trouué en vng liure.
» Dites moy, Dame noble et bonne,
» L'aduance, si ferez aumosne. »

Lors respondit : « Plus n'en scauras,
» Tant que desseruy tu l'auras. »
— « Hélas, dis-ie lors, Dame chière,
» Vueillez moy dire la manière
» Comment le pourroy desseruir ;
» Car à tousiours vous veulx seruir
» Loyaument, sans ailleurs penser.
» Ie ne vous puis recompenser,
» Ne augmenter vostre richesse.
» Seruice vous feray sans cesse,
» Si me donnez tant noble auoir
» Que des vostres me recepuoir. »

Adonc Nature respondit :
« Fils, tu sçay ce que ie t'ay dit ;
» Mais si me croy, d'ore en auant
» Pourras bien estre plus sçauant. »

— « Dame, dis-ie, par Dieu des Cieulx,
» Ie voudrois bien estre cieulx
» Qui doibt seruir pour tel affaire,
» Tout son viuant, sans rien meffaire :
» Vueillez moy donc vos plaisirs dire,
» Car ie ne veulx rien contredire. »
Lors dit Nature : « Sans mesprendre,
» Beau fils, il te conuient apprendre
» A congnoistre les sept metaulx,
» Dont le Mercure est principaulx ;
» Leurs forces, leurs infirmitez
» Et variables qualitez.
» Après apprendre te conuient
» Dont soulphre, sel, et huyle vient,
» De quoy nous te faisons memore,
» Qui te fera mestier encore.
» Moult est le soulphre necessaire,
» Et si te donra prou à faire.
» Sans sel ne peulx mettre en effect
» Vtile chose pour ton faict.
» D'huyle tu as mestier moult grant ;
» Sans luy ne feras faict flagrant.
» De ce te doy bien souuenir
» S'à nostre œuure veulx paruenir.

« Vng mot te diray, or l'entend,
» De quoy tu seras bien content :

» Vng metal en vng seul vaissel
» Te conuient mettre en vng fournel.
» C'est Mercure que ie t'expose,
» Et si n'y fault nulle aultre chose.
» Mais, pour l'abregement de l'œuure,
» De poinct en poinct te le descœuure.

» Or te vueil ie dire de l'or,
» Qui des metaulx est le thresor,
» Il est parfaict ; nul ne l'est plus
» De ceulx que i'ay nommé dessus.
» La Lune l'est, et ne l'est mie ;
» De vray ie le te certifie.
» Il n'y a qu'vng metal au monde,
» En qui nostre Mercure abonde,
» Et si est en tous sept trouué :
» Moult bien ay cecy esprouvé.

« L'or est chaud et sec par droicture ;
» La Lune est froide en sa nature ;
» Saturnus est pesant et mol ;
» En ce peult il ressembler Sol ;
» Plusieurs clers de parler ignel,
» Le veulent nommer or mesel.
» Venus bien la Lune ressemble
» En paix et en forger ensemble.
» Mercure froid et humide est ;

» Tesmoing est Iupin qui en naist.

» Mars est dur, et pesant, et froid ;

» Des aultres tous c'est le conroit.

» Soit leur nature dure ou tendre,

» Il les conuient tous sept comprendre,

» Comme les ay nommez dessus,

» Et congnoistre bien leurs vertus :

» Et par ce poinct après feras

» De Mercure ce que vouldras. »

— « Las, dy-ie, Dame, il sera faict.

» Dites moy l'aduance du faict,

» Et comment pourray retraicter

» Ce qu'ay veu en vostre vergier.

» Car oncques mais puis que fus né,

» Ie ne fus tant enamouré

» De chose nulle de ce monde.

» Ie croy que vertu y abonde :

» Ie le tiens pour secret de Dieu,

» Qui reuelé soit en ce lieu. »

Lors dit Nature : « Tu dis voir,

» Et c'est du monde tout l'auoir ;

» Car de ma fontaine prouient

» Grand'richesse, d'où l'honneur vient

» Au monde en diuerse maniere.

» A plusieurs suis comme miniere.

» Et pource que tu es venu

» Icy sans aulcun reuenu,

» Et que tu as volonté bonne
» De labourer comme personne,
» Desirant bon-heur rencontrer,
» L'aduance ie te vueil monstrer.
» Dit t'ay au chapitre notoire
» (Ie ne sçay si en as memoire),
» Qu'en deux parties gist tou œuure.
» Moy Nature le te descœuure.
» Fay ton soulphre penetratif
» Par feu deuenir attractif;
» Et puis lui fay manger sa mere,
» T'auras accomply nostre affaire.
» Mets la mere au ventre à l'enfant,
» Qu'elle ha enfanté par-deuant;
» Puis si sera et pere et fils,
» Tout parfaict de deux esperits
» Pour vray il n'en est aultre chose,
» Fors ce que cy ie t'en expose;
» Et si tu y veulx adiouster
» Chose estrange, ou administrer
» Soulphre, sel, huyle, n'aultre riens,
» Pour voir, ton faict ne vauldra riens.
» Car terre si ne peult porter
» Aultre fruict qu'on y veult semer.
» Creature faict creature
» Et beste, beste à sa nature;
» Ainsi est de toutes semences.

» Tiens ce propos de mes sciences.

» Beau fils, ne dy que ce soit gale ;

» Il fault que tout monte et auale

» Par vng chemin moult gratieux,

» Moult plaisant et moult amoureux ;

» La nostre eaue pure ordonnée (1),

» Tout ainsi va que la rosée.

» En l'air du Ciel la fault monter,

» Et puis doulcement aualer

» Par vng tresamoureux sentier,

» Lequel on doibt bien retraicter.

» En la descente qu'elle faict,

» Enfante le soulphre parfaict;

» Et si à ce poinct peulx venir,

» Tu peulx bien dire sans mentir

» Que d'or pourras avoir sur terre

» Grande quantité sans meffaire.

» Car si toute la mer estoit

» De metal, tel qu'on le vouldroit,

» Cuyure, Argent vif, Plomb ou Estain,

» Et tu en misses vng seul grain

» Dessus, quand seroit eschauffée,

» Il en soudroit vne fumée

» Qui mentoit merueilleux arroy ;

(1) Edition 1618 :

La voye i'ay preordonnée
Tout ensement que de rosée.

» Et après se tiendroit tout coy ;

» Et puis quand seroit appaisée

» La fumée, et tout accoisée,

» La Mer trouueroit plus fin or,

» Que nul roy ayt en son thresor.

» Or vueil au propos retourner

» Que deuant, pour bien gouuerner :

» Quand ton soulphre sera mangié,

» Ton Mercure mortifié,

» Tien le en prison quarante iours ;

» Et puis tu verras tes amours ;

» Et Dieu t'en laisse si bien faire,

» Que Paradis puisses acquerre.

» Tu vois icy bien ordonnée

» La prison que ie t'ay nommée ;

» Par foy la te baille en figure.

» Or te souuienne de Nature,

» Qui t'a voulu administrer

» Si noble don, et reueler

» La science tresadmirable

» Et en ce monde venerable.

» Aultrement ne peult estre faicte

» La pierre que ie t'ay retraicte.

» Voy doncques bien les escriptures

» De nos liures, où par figures

» Demonstrée est ceste science,

» Qui est la fleur de sapience :

» Vraye chose sans nulle fable,

» Trescertaine et tresveritable.

» Le dessoubs si est tout semblable

» A ce qui est dessus muable,

» Pour perpetrer à la fin close

» Miracle d'vne seule chose.

» Comme de seule chose furent,

» Et par la pensée d'vng creurent

» Toutes les choses que sont nées,

» Si nos œuures sont d'vng créées.

» Le beau Soleil en est le pere,

» Et la Lune la vraye mere ;

» Le vent en son ventre le serre ;

» Sa nourrice si est la terre ;

» Le pere est du thresor du monde ;

» Et grant secret icy se fonde :

» Sa force si est toute entière.

» Quand il retourne en terre arrière,

» Separe la terre du feu

» Par engin et en propre lieu ;

» Et doulcement le gros despart

» Du subtil, que tiendras à part.

» Lors montera de terre és cieulx,

» Et descendra deuant tes yeulx,

» Receuant vertu souueraine

» Auecq sa force terrienne.

» Ainsi paruiendras à grand' gloire,
» Par tout le monde ayant victoire ;
» C'est des forces toute la force.
» Là où maint se peine et efforce,
» Les subtiles choses vaincras
» Et les dures transperceras.
» Merueilles sont moult conuenables,
» Dont auons les raisons notables. »

Mon nom est Iehan la Fontaine.
Trauaillant n'ay perdu ma peine ;
Car par le monde multiplie
L'œuure d'or que i'ay accomplie
En ma vie, par verité,
Graces à Saincte Trinité,
Qui de tous maux est medicine
Vraye, et par effect la plus fine
Qu'on peult en aulcune part querre,
Soit en mer, soit en toute terre,
Et du metal impur l'ordure
Chasse, tant qu'en matière pure
La rend : c'est en metal tresgent
De l'espece d'or ou d'argent.

L'œuure se faict par ce moyen ;
Et si n'y fault nul autre engien ;
Selon mon petit sentiment

Le trouue veritablement.

Pource veuil-ie nommer mon liure,

Qui dit là matiere, et deliure

L'artifice tant pretieux :

La fontaine des amoureux

De la science tres-utile,

Descripte par mon petit stile.

Faict fut par amoureux seruage

Lorsque n'estoye ieune d'aage

En l'an mil quatre cent et treze,

Que i'auoye d'ans deux fois seize.

Comply fut au mois de Ianuier,

En la ville de Montpelier.

FIN DU MANUSCRIT

Dans l'édition de Lyon, Pierre Rigaud, 1618, on lit ce qui suit :

QUELQU'VN ADIOUSTE

Ci finist Iean de la Fontaine

Qui, tenant icelle œuure hautaine,

Comme vn don de Dieu tres-secret,

Doit faire tout homme discret.

> Tout l'art qui est de si grand prix
> Peut estre en ces deux vers compris :

Si fixum soluas, faciasque volare solutum,

Et volucrem figas, faciet te viuere tutum.

BALADE

DV SECRET DES PHILOSOPHES

Qui les deux corps veux animer,
Et leur Mercure hors extraire,
L'ardant d'iceux bien sublimer,
L'oysel volant après retraire :
L'eau te conuient par art detraire
Des deux vnis parfaictement,
Puis le mettre en vas circulaire,
Pour fruict auoir tres-excellent.

Le Pellican faut permuer :
De son vaissel ne me puis taire :
N'oublie pas le circulier
Par feu subtil de tres-bon aire :

Luy fuyant te faudra fixfaire,
Et le fix encores volant,
Dont viendra par temps luminaire,
Pour fruict avoir tres-excellent.

Pas ne fais ce sans alterer
Nature, par voye contraire :
Car autrement ne peux muer
La substance, et teincture faire.
Enfin luy faut electuaire
D'autre corps noble et transparent :
Nature est commun exemplaire
Pour fruict auoir tres-excellent.

Prince, cognois de quel agent
Et patient tu as affaire,
Pour fruict auoir tres-excellent.

(Edit. 1618).

NOTES

—

Note 1. — Nous devons relever une légère erreur bibliographique qui s'est glissée dans l'ouvrage de M. Figuier. (*Alchimie*, p. 87.)

Il attribue à Pierre le Bon le curieux livre intitulé : *Pretiosa Margarita*. Ce livre n'est autre chose qu'un recueil de quelques philosophes hermétiques. On y trouve, il est vrai, les *rationes contrà artem* et les *rationes pro arte*, de Pierre le Bon (p. 1 à 155) ; mais on y trouve aussi des extraits d'Arnauld de Ville-Neuve, l'*Epitome* de Raymond Lulle, des extraits du *Lumen Luminum* de Rhasès, des extraits d'Albert, de saint Thomas, etc.; enfin la dissertation de Michel Scot, sur la nature du soleil et de la lune (p. 156 à 205). L'auteur de ce recueil est Ianus Lacinius. — Au surplus, en voici le titre exact (M. Brunet le donne incomplétement) :

« *Pretiosa Margarita novella de Thesauro, ac pretiosissimo philosophorum lapide. Artis huius diuinæ typus, et methodus : Collectanea ex Arnaldo, Rhaymundo, Rhasi, Alberto, et Michaele Scoto, per Ianum Lacinium Calabrum, nunc primum, cum lucupletissimo indice, in lucem edita.* (Ancre aldine.) *Cum priuilegio Pauli III. Pont. Max. et Senatus Veneti ad annos decem.* M. D. XLVI. — A l'avant-dernier feuillet, on lit : *Venetiis, apud Aldi filios,* M. D. XXXXVI. — Au dernier, *verso,* se voit une deuxième Ancre aldine. — Dans l'introduction, 22 figures bizarres.

« On ne trouve que difficilement ce volume en bon état, » dit Brunet. C'est vrai. Des deux exemplaires que nous en possédons, l'un n'est pas plus que l'autre agréable à l'œil. (Nous ménageons les termes).

L'importance du livre est exposée au feuillet ij de l'introduction.

PIERIVS ROSEVS CANDIDO LECTORI

Hoc opus humano tristem de corpore morbum
Propellit, bilis quem male sana parit :
Servarique docet pulchro cum flore iuuentam ;
Et senii placidos usque videre dies.
Si quis iussa ferat diis adspirantibus ; omnem,
. Quam simulabit, ouans pauperiem fugiet :
Hic latitans miseris poterit succurrere egenis
Et supplex magno reddere uota Ioui.

« Qui n'a pas ce livre, dit plus bas le même Pierius Roseus au *candide lecteur,* — qui n'a pas ce livre, n'a rien. » — Voilà quel est le style de la réclame au xvie siècle. Il a progressé ; le lecteur aussi.

Il ne faut pas confondre la *Pretiosa Margarita*, recueil alchimique, avec la *Margarita philosophica*, vaste et pédantesque encyclopédie, émaillée de figures abracadabrantes, et dont le premier feuillet, *verso*, s'orne aussi d'une jolie réclame :

Io. Schottus Argentinen. lectori. S.

Hanc eme, non pressam mendaci stigmate, Lector :
Pluribus ast auctam perlege, *doctus eris.*
Basileæ. mdxvii.

Le chap. 25, liv. 9, de la *Margarita philosophica* roule sur la transmutation métallique. La figure qui décore ce chapitre représente un philosophe-souffleur dans l'exercice de ses fonctions. Un soufflet à la main, le malheureux s'acharne après son fourneau.

L'auteur ne se montre pas très-favorable aux alchimistes ; il les traite un peu de haut en bas : « *Alieni auri cupidi*, dit-il. *Semper discentes, et nunquam ad scientiam veritatis peruenientes... Si scientiæ huius secreta noscerent,... pauperibus bene facerent, nec aliorum opibus indigerent.* » Ce raisonnement est assez juste.

Note 2. — Le *Tombeau de Semiramis*, (Paris, 1689), indique la manière d'employer la pierre philosophale dans les maladies. « La dose de cette médecine est d'un grain ou deux suivant l'âge et les forces du malade, mêlés dans du vin chaud, ou bien dissous dans *une cuillerée de sa propre quintessence*, et il en faut prendre de trois jours l'un. A l'égard des maladies externes comme playes, ulceres, fistules, gangrenes, chancres, etc., il en faut prendre tous les jours, ou de deux jours l'un, un grain dissous dans du vin, et avec le mesme vin laver ou seringuer la partie affectée, mettant dessus la playe une lame de plomb avec une ligature convenable. — C'est là l'usage interne, et externe de ce grand remède, pour l'acquisition duquel il faut invoquer le pere des lumieres, le priant d'un cœur et d'une affection pure, qu'il éclaire ton entendement. Alors travaille comme il faut, assiste les pauvres, n'abuse point des dons de Dieu, aye la Foy, et sois homme de bien. Ainsi soit-il. » (p. 40). — « Ces médecines, dit Poleman, transmuent les esprits des ténèbres, c'est-à-dire les maladies qui ne sont autre chose que les précurseurs de la mort tenebreuse, en esprits de lumiere, tels qu'ils estoient auparavant, lorsque l'homme estoit en santé, et par ce renouvellement des forces dissipées, le rétablit dans sa première vigueur. » (*Eod. loc.*).

Là lame de plomb, dont il est parlé plus haut, appliquée sur une plaie, devait quelquefois produire un excellent effet, lorsque la plaie était restreinte. Mais si la plaie était large et la lame proportionnée à la plaie, il devait souvent resulter de l'application de celle-ci des coliques saturnines terribles. Pour savoir à quoi s'en tenir sur ce dernier point, il faudrait connaitre les ingrédients dont se composait la médecine administrée à l'intérieur : — Ce que l'auteur ne dit pas *clairement*.

NOTE 5. — Nous avons dû omettre un grand nombre des idées singulières émises par les alchimistes. Cependant, en voici une qu'il nous parait bon de mentionner. L'auteur de cette idée est Nicolas de Locques, « medecin spagyrique de Sa Majesté. »

Nicolas de Locques s'est préoccupé des *maladies des métaux*. Il les a décrites; il en a signalé les causes.

L'oxÿdation des métaux, leur combustibilité, leur frangibilité, leur opacité, leur volatilité, leur fusibilité, etc., sont des maladies. Le vert-de-gris est une maladie du cuivre ; la rouille, une maladie du fer, etc. (*Les Rudiments de la Philosophie naturelle*, Paris, 1665, chap. XI).

Nicolas de Locques n'était pas embarrassé, comme on voit, pour se créer une vaste clientèle. Il eût été fâcheux que sa recette fût adirée.

Note 4. — Il est à remarquer que certains philosophes hermétiques (ce sont quelquefois les plus obscurs), ont la prétention d'écrire avec une limpidité parfaite. « J'ay escrit en ce livre, dit Artéphius, la verité nuëment, la vestissant neantmoins de quelques petits haillons, afin que tout homme de bien et sage puisse cueillir heureusement de cest arbre philosophique les pommes admirables des Hesperides. Et partant loüé soit Dieu treshaut, qui a mis *ceste benignité en nostre âme*, et auec vne vieillesse treslongue, nous a donné vraye dilection de cœur, par laquelle il me semble que i'embrasse, cheris, et vrayement ayme tous les hommes. » (*Le secret liure du* tresancien *philosophe Artephius,* etc. Paris, 1612, p. 28).

L'auteur du *Filet d'Ariadne* (Gaston le Doux), dit qu' « On ne peut pas parler plus nettement, plus sincèrement, plus intelligiblement, ni avec plus d'ordre que lui. » (Avertissement, p. 5. Paris, 1695).

« Ie ne cacheray rien , dit Basile Valentin , et diray tout ce que la diuine Prouidence me permettra de declarer. » (*Revelation des Teintures,* etc., Paris, 1646, p. 9.)

Glauber dit : « Pour moy, ie me sers d'vn stile simple et naïf, et ne cherche que l'vtilité de mon prochain. C'est pourquoi i'ay mieux aimé me servir de la prolixité des paroles, laquelle est ennuyeuse aux oreilles délicates, que de la brieueté, laquelle est ordinairement obscure, quoy qu'elle soit ornée des figures de la rhetorique. » (La 1ʳᵉ partie de l'œuvre minérale, etc., Paris, 1659, préface, p. 5). — Glauber donne un échantillon de son style simple et naïf, à la p. 89 de son liv, (5ᵉ partie) : « L'Alchimie, dit-il, est vne pensée, imagination, inuention, par laquelle les especes des métaux passent d'vne nature en l'autre... »

Les alchimistes eussent bien dû dire ce qu'ils entendaient par la clarté du style. Leur définition n'eût pu manquer de piquer la curiosité.

Ce qui n'est pas moins curieux, c'est qu'ils s'accusent réciproquement d'obscurité. Peut-être n'en est-il pas un qui ne traite ses prédécesseurs de bouteille à l'encre, et qui ne soit traité de même par ses successeurs.

Note 5. — M. Figuier cite, p. 59, un grand nombre de titres de livres spagyriques, tous plus bizarres les uns que les autres. En voici un plus bizarre peut-être ; (c'est, en même temps, une réclame) :

« Premier extrait d'un livre intitulé Or potable levain, ou Discours de l'Or potable levain, Et l'offre faite au public d'en faire de tres-parfait et achevé en présence de Messieurs les Notaires, d'un témoignage irréprochable, et de Deux cens autres illustres Témoins qui voudront bien y estre interessez, aux diverses conditions à choisir de Deux millions de Livres qu'on en demande de recompenses faciles à accorder en diverses espaces de temps. ↩ (Paris, 1674, in-12.)

Le *Privilége du Roy*, qu'on voit à la fin du volume, apprend que l'auteur se nomme Philippe Andrenas, Seigneur d'Aubigny et d'Armenò, jadis Conseiller du Roy et son Maistre d'Hostel ordinaire.

Philippe Andrenas déclare qu'il est tout prêt à enseigner sa manière de fabriquer l'or potable levain, si l'on veut bien lui payer deux millions; si l'on ne veut acheter que son livre, il se contentera de « un ou deux loüis d'or, quoy qu'il ne soit pas payé à trois cent, NON, parce qu'il luy revient à plus de vingt-cinq mil écus, et à plus de huit années d'estudes. » (P. 40.)

On ne sait comment qualifier un pareil livre. — Il est dédié : « *A la Très-Sainte Vierge Marie, mère de Dieu.* »

NOTE 6. — Parmi les alchimistes anciens, un seul nous a paru plus sage que tous les autres. Aussi lui accordons-nous une mention honorable. Cet alchimiste est l'*Eccellentissimo Dottore, e Caualiero Leonardo Fiorauanti*, de Bologne. Dans son *Compendium des Secrets rationnels*, il dit s'être livré à toutes les pratiques alchimiques, sauf deux, dont il ne s'est jamais mêlé, dont il ne se mêlera jamais, et vers lesquelles son esprit ne l'a jamais porté : il n'a jamais cherché à faire de l'or, ni même de l'argent. « *Nell arte alchimica*, dit-il, *mi son sempre affaticato in tutte le sue operationi, eccetto in due cose, le quali non ho mai cercato, ne tentato di fare, ne mai me n'è uenuto uoglia, e sono queste, cioè di fare oro, et argento* (1). » Un alchimiste qui n'a jamais tenté de faire de l'or, n'est-ce pas une merveille?... Au moment où Fioravanti écrivait son livre, il est probable que quelque alchimiste venait d'être tout frais pendu au *gibet doré*

(1) *Del Compendio de Secreti rationali*, etc. Venetia, 1597, lib. 8, cap. 1.

TABLE

—

—

LIBRAIRIE POULET-MALASSIS ET DE BROISE

ÉDITEURS

97, rue Richelieu et passage Mirès, 36.

COLLECTION ACH. GENTY.

In-16 ; tirée à 355 exemplaires ; titre rouge et noir.

Papier vélin	1 f.	50 c.
— raisin...............	2	»
— vergé...............	2	50
— de Chine...........	5	»

1re Série.

RIMES INÉDITES EN PATOIS PERCHERON, avec une introduction et des notes, par Ach. GENTY.

> « ... Dans une Introduction, où les mots et les tournures de notre ancienne langue sont mis en regard des tournures et des mots de l'idiome percheron, M. Ach. Genty fait voir que le percheron a dû être, en quelque sorte, le *prélude* de la langue des XIIe, XIIIe et XIVe siècles, et qu'on doit le considérer comme étant réellement la *langue française primitive*..... » (L'*Ami des Livres*, août 1861).

CHANSONS SUR LA RÉGENCE ; trois chansons attribuées au Régent. Avec une Introduction sur le *rôle social* de la Régence et du règne de Louis XV, par Ach. GENTY.

LA FONTAINE DES AMOVREVX DE SCIENCE, composée par IEHAN DE LA FONTAINE, de Valenciennes, en la comté de Henault, POEME HERMETIQVE DV XVe SIÈCLE. Avec une Introduction et des notes, par Ach. GENTY.

Sous presse :

LES SONNETZ DE NICOLAS ELLAIN, parisien (1581), avec une Introduction sur la littérature et les mœurs littéraires au XVIe siècle, par Ach. GENTY.

Chaque série se composera de SIX volumes

www.ingramcontent.com/pod-product-compliance
Lightning Source LLC
Chambersburg PA
CBHW052147090426
42741CB00010B/2178

* 9 7 8 2 0 1 2 6 8 1 1 9 4 *